LOCUS

LOCUS

LOCUS

LOCUS

mark

這個系列標記的是一些人、一些事件與活動。

mark 03 聖經密碼
作者：邁可・卓思寧(Michael Drosnin)
譯者：杜默
責任編輯：陳郁馨　　美術編輯：何萍萍
法律顧問：全理法律事務所董安丹律師
出版者：大塊文化出版股份有限公司
台北市105南京東路四段25號11樓
讀者服務專線：0800-006689
TEL：(02) 87123898　FAX：(02) 87123897
郵撥帳號：18955675　　戶名：大塊文化出版股份有限公司
e-mail:locus@locus.com.tw
行政院新聞局局版北市業字第706號

總經銷：大和書報圖書股份有限公司
地址：台北縣五股工業區五工五路2號
TEL：(02) 8990-2588（代表號）　FAX：(02) 2290-1658
排版：天翼電腦排版印刷有限公司　製版：源耕印刷事業有限公司
初版一刷：1997年9月
初版 41 刷：2006 年 10 月

定價：新台幣250 元

Printed in Taiwan

［聖經密碼］
The Bible Code

「但以理啊，你要隱藏這話，
封閉這書，直到末後的日子。」
聖經《但以理書》十二章四節

「過去、現在和未來的區別，
終是虛妄。」
愛因斯坦，1955年

Michael Drosnin◎著　杜默◎譯

目錄

序曲

新聞報導是歷史的初步記錄。聖經成書之後，數千年間所發生的事件，莫不在聖經密碼中一一披露，本書則是第一本詳盡解說聖經密碼之作。

因此，本書也可能是未來歷史的初步記錄。

對於聖經密碼，我們才剛開始略有所知而已。它猶如拼圖塊，圖片數目無邊無量，而我們只有幾百幾千片，其全貌如何只能憑臆測。

我唯一可以肯定的，是聖經裏有密碼，而且，在若干明顯的個案中，事件的發生完全如聖經所預言。

至於聖經密碼對更遙遠未來的預言是否也會一語中的，則是無從得知。

我盡量以新聞調查報導記者的立場，本著與處理其他報導一樣的方式處理這次報導。我花了五年時間查證事實。

在調查過程中，我決未基於一己的信念，而認定某件事爲事實。

在聖經密碼中的每一項發現，我用兩套不同的程式，在自己的電腦上，一一證實過。這兩套程式，一套是第一位發現密碼的以色列數學家所使用的，另一套則是旁人另外獨立開發的程式。

此外，我還採訪了美國和以色列兩地研究聖經密碼的科學家。書中所描述的事件，有許多是我親眼目睹。另外有些事件，我若不是採訪過直接相關人士，便是依憑已披露的新聞報導。

書後附有每一章的詳註，以及對所有密碼經文表列的說明。

我報導聖經密碼內情的宗旨，跟我當年在《華盛頓郵報》時，從警察局記事錄中抽絲剝繭，以及在《華爾街日報》任職時，從某家公司董事會會議室據實報導完全一樣。

我既不是拉比或教士，也不是聖經學者，我心無成見，所憑藉的只是一個試金石——眞相。

本書只是第一篇報導，絕不是最後的論斷。

01從牛頓開始的追索

牛頓寫了一百萬字的手稿來探索聖經密碼，但是沒能成功。
拜電腦之賜，現在密碼終於曝光。
但正如人類發現電一百年之後，才能解釋電的現象，聖經密碼也是如此。
目前，我們只能驚嘆；
從拿破崙到羅斯福，從荷馬到畢卡索，從萊特兄弟到愛迪生，
所有的人物都在密碼的排列中……

一九九四年九月一日，我飛往以色列，在耶路撒冷會見伊茲哈克・拉賓總理的至交好友，詩人查伊姆・古里（Chaim Guri）。我交給他一封信，他則立即轉交給拉賓總理。

「有位以色列數學家已經發現聖經中暗藏密碼，透露聖經成書後數千年來重大事件的詳情。」我在信中寫道。

「我所以告訴你這件事，是因爲你的全名伊茲哈克・拉賓唯一在聖經密碼出現的一次，赫然有『刺客將行刺』幾個字跟你的名字交叉。

「此事千萬不可輕忽，因爲安瓦爾・沙達特和約翰與羅勃・甘迺迪兄弟遇刺事件也在聖經密碼記載中；以沙達特的個案而言，凶手的姓氏名字、行凶日期和作案方式都一一明列。

「我認爲你將有大難，但這危機是可以避免的。」

一九九五年十一月四日，有位自詡替天行道的男子一記黑槍，赫然證實三千年前密書於聖經中的凶手確有其人。

拉賓遇刺，戲劇性地證實了暗藏於舊約字裏行間的聖經密碼預示未來的眞實性。

「群論」這門數學乃是量子物理學的基礎，而聖經密碼就是由當世頂尖群論專家之一的伊利雅胡・芮普斯（Eliyahu Rips）博士所發現。他的這項發現已經過美國的哈佛、耶魯和以色列的希伯來大學數位知名數學家證實，由美國國防部一位資深解碼專家還原再現，並通過美國頂尖數學學刊的同儕三重覆核。

在聖經密碼中發現的當代重大事件，不止拉賓遇刺這一樁。除了沙達特和甘迺迪遇刺事件之外，還有幾百起舉世震動的事件，也都封存於聖經密碼之中——從二次世界大戰到水門事件，從納粹大屠殺到廣島原子彈，從登陸月球到彗星撞木星，不一而足。

此外，事先發現的事件也不止拉賓遇刺這一樁。彗星撞上木星和波斯灣戰爭，都是在事件未發生前，就已在聖經中找到事發的正確日期。

在我們這個俗世世界裏，這是極不合常理的。我既不是虔信教徒，將之斥爲千禧年狂熱的起哄，原也無足爲奇。

不過，我知道這回事已經有五年了。我曾跟那位以色列數學家芮普斯博士相處數週。我學希伯來文，每天在自己的電腦上查核密碼。我跟一位自行證實確有聖經密碼存在的國防部人士談過，還到哈佛、耶魯和希伯來大學去見三位當今最著名的數學家。他們都證實，聖經裏確實有一套預示未來的密碼。

我是在拉賓遇刺身亡後才徹底相信。

我是自己發現了聖經密碼預言拉賓遇刺：一個明確的警訊說，他會在一九九五年下半年開始的那個希伯來年裏遇害；但一直沒當眞認爲會發生。因此。當他眞的在預言的時間遇害時，我的第一個念頭是：「哇，我的天哪，是眞的。」他的全名「伊茲哈克・拉賓」只在舊約出現一次，就跟「刺客將行刺」幾個字相交，這不可能是巧合。聖經密碼中說，他會死於一九九五年九月開始的那個希伯來年。果然，九月四日這一天，他死了。

拉賓的好友古里告訴我，總理中槍那一刻，他第一個想到的也是這件事。

「我心如刀割，」古里說。「我打電話給幕僚長巴拉克 (Ehud Barak) 將軍，說道：『那位美國記者一年前就知道，我也跟總理說過。聖經有記載。』」

我還記得，當初發現拉賓遇刺的密碼後，本書編輯問我的第一個問題是：「若是你事先知道沙達特將遇刺，你會怎麼辦？你會提醒他，防患未然嗎？」

在拉賓這件事情上，我試過了，但根本未能阻止事情發生。刺殺事件發生前，沒人能從聖經密碼中找出槍手的名字或正確的日期。我第一次跟拉賓總理聯絡後沒幾天，芮普斯博士跟我去見國防部首席科學家以薩迦・班-以色列 (Isaac Ben-Israel) 將軍，一起探求預言的細節，但只看得出暗殺的年份。

拉賓遇害後，我們立刻在聖經密碼

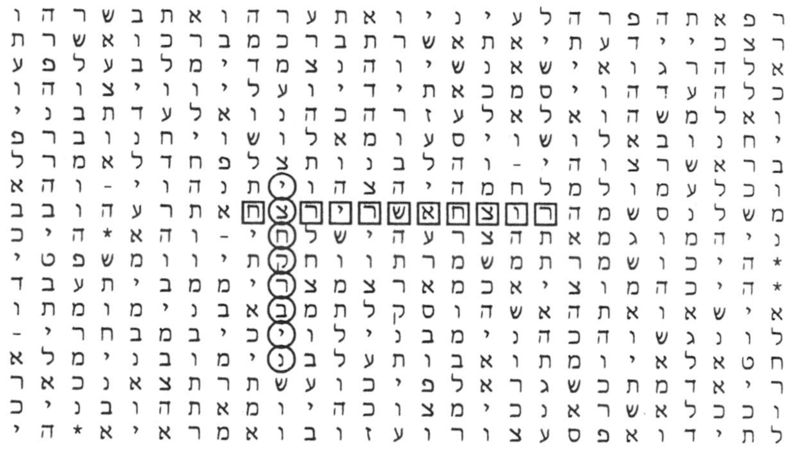

○ 伊茲哈克・拉賓　　□ 刺客將行刺

裏找到刺客「艾米爾」的名字。它一直都在那兒，就在拉賓名字的上方，我們直是視而未睹。「艾米爾」以密碼寫在「伊茲哈克．拉賓」和「刺客將行刺」的同一地方。猶有進者，「刺客的名字」這幾個字，就在出現「艾米爾」的暗文同一段經文的明文裏。不僅如此，同一段經文的暗文還說：「他攻擊，他殺了總理。」

密碼中甚至還指出，他是以色列人，在近距離內開槍：「趨近

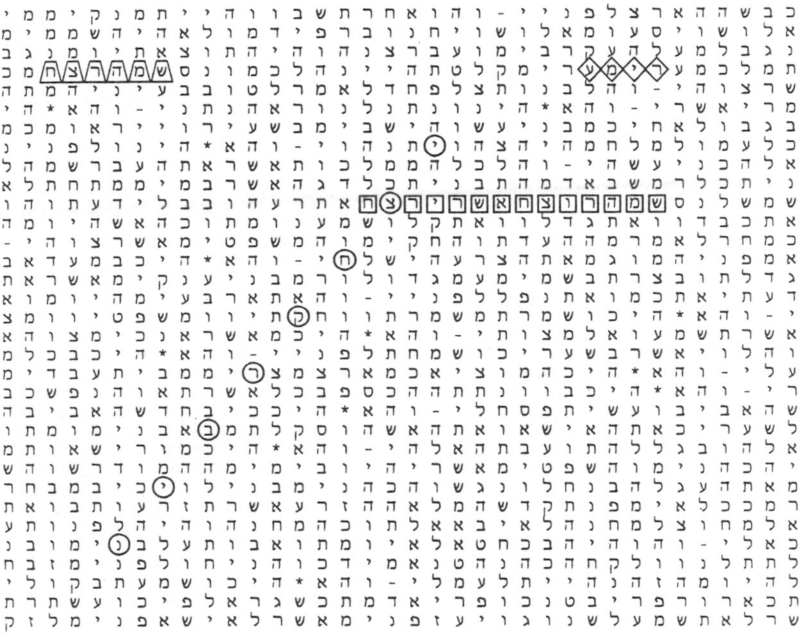

○ 伊茲哈克．拉賓　　□ 將行刺的刺客的名字

◇ 艾米爾　　⏢ 刺客的名字

殺害他的凶手，是他的同胞。」

密碼揭露了事發的時間和地點。始於一九九五年九月的希伯來年「五七五六年」，跟「特拉維夫」和「拉賓遇刺」相交，而「艾米爾」也在同一地方再度出現。可是，在拉賓遇害前，我們只知道聖經密碼預言他遇刺時間是「五七五六年」，而拉賓對我們的警告淡然視之。

「他不會相信的，」當初我把信件交給他的好友古里時，古里就告訴我。「他是宿命論者，根本不信祕教這一套。」

因此，我至今還不知道這椿刺殺事件是否可以防患於未

○ 拉賓遇刺

◇ 艾米爾

□ 在5756／1995-96

⏢ 特拉維夫

然。我只知道我在信中是這麼告訴拉賓總理的：「沒有人知道密寫於聖經中的事件，是註定如此，或者只是有此可能。我個人猜想，這只是有此可能——聖經密碼記載所有可能發生的事件，實際結果則是操之於我們自己的作爲。」

我們雖然沒能挽救拉賓一命，不過，說來也許殘酷些，我卻陡然獲得聖經密碼眞實不虛的確切證據。

聖經密碼是電腦程式

五年前，我第一次飛往以色列的時候，心裏頭壓根兒沒有聖經密碼和聖經這回事。我是去見以色列情報首長，談談戰事未來的發展。

詎料到了之後得悉另一樁奇事，立刻把我拉回到幾千年前——正確地說，應該是三千二百年前，也就是據聖經記載，上帝在西奈山示現和摩西說話的時候。

就在我要離開情報總部的時候，有位曾見過面的年輕軍官攔住我。「耶路撒冷有位數學家，你該去見見，」他說。「他發現了波斯灣戰爭開戰的正確日期。在聖經裏。」

「我對宗教一點也不狂熱，」我一面上車，口中說道。

「我也不是，」那位軍官說道。「但他在開戰前三個星期，就發現聖經裏有密碼記載著正確的日期。」

這話聽來簡直匪夷所思。不過，這位在以色列情報機關服務的仁兄，跟我一樣是俗世中人，那位發現密碼的人，又是當今數學界公認爲近乎天才的人物，於是我姑妄信之，前去看他。

芮普斯謙沖爲懷，往往功成不居，把自己研究的成績拱手讓人，因此有些人絕不會想到他居然是舉世知名的數學家。一九九二年六月，我在他位於耶路撒冷郊外的寓所跟他初次見面時，不免以爲一夜攀談下來，我自會知道他的主張不過是無中生有。

芮普斯從書架上抽出一本書，衝著我唸出一位有「維爾納天才」(Genius of Vilna) 之稱的十八世紀聖人的話語：「律令有云，過去、現在到時間終了，一切都包羅在摩西五書中（譯按：Torah，即《創世記》、《出埃及記》、《利未記》、《民數記》和《申命記》）。從第一個字到最後一個字，而且不單是泛泛之論，更詳述每一種生物和每一個個人，從出生到死亡之日的一切，鉅細靡遺。」

我從他書桌上拿起一本聖經，請芮普斯告訴我波斯灣戰爭的日期何在。他沒有翻開聖經，而是轉向他的電腦。

「聖經密碼是電腦程式，」他解釋道。

電腦屏幕上出現以五種顏色標示，宛如字謎圖案一般的希伯來字母畫面。

芮普斯交給我一份列印表，但見「海珊」、「飛毛腿飛彈」、「俄製飛彈」，都密寫在《創世記》裏，而一列密碼串／序列赫然寫著「海珊擇一日」。

「喏，在《創世記》第十四章亞伯拉罕與鄰國諸王爭戰的故事裏，我們找到了確切的日期——『第三舍巴特月（Shevat）發射』。」

芮普斯抬起頭來。「這是希伯來曆，相當於一九九一年一月十八日，」他解釋道。「伊拉克就在這一天對以色列發射第一枚飛毛腿飛彈。」

「你曾發現多少個日期？」我問道。

「只有這一個，就在戰爭爆發前三個星期，」他答道。

「但三千年前有誰會知道日後有波斯灣戰爭，遑論在一月十八日發射飛彈？」

「上帝。」

牛頓的夢想

聖經密碼是在原初希伯來文版舊約，亦即最初寫就的聖經上發現的。聖經這本書，現已譯成各國文字，可說是整個西方宗教的基礎。

○ 第三舍巴特月（1991年1月18日）　◇ 飛彈　▭ 戰爭

⏢ 海珊（擇一日）　▭ 撒達姆　□ 敵人

聖經密碼是普世適用，不分教派的，箇中消息也是人人可得的。但密碼存在於希伯來文版裏，因爲希伯來文乃是聖經的原初語言。

芮普斯告訴我，聖經密碼初露端倪，是在約莫五十多年前，由捷克首府布拉格一位拉比(rabbi,猶太教的教士) 所發現的。這位叫魏斯曼德 (H.M.D. Weissmandel) 的拉比注意到，在舊約第一書《創世記》的開端，每隔五十個字母跳讀，就可拼出“Torah”。在《出埃及記》以同樣的間隔跳讀，同樣可拼出“Torah”，《民數記》和《申命記》亦然。

「我是在跟耶路撒冷一位拉比聊天時，純屬偶然地得知這件事。」芮普斯說道。「我設法找魏斯曼德的原書一讀，最後在以色列國立圖書館找到了顯然是絕無僅有的一本。有關聖經密碼的記載雖只有寥寥數頁，卻已饒富興味。」

這已是十二年前的往事了。「我起先只是跟魏斯曼德一樣計算字母，」芮普斯說。「你可知道，牛頓也曾嘗試想找出聖經中的密碼，而且，他認爲這是比他的『萬有引力定律』更重要的大事。」

想出太陽系力學、發現引力學說的第一位現代科學家艾賽克・牛頓爵士，確信聖經中暗藏可以預示未來的密碼，因此他勤學希伯來文，畢生孜孜探求。

事實上，根據爲牛頓立傳的經濟學家凱因斯的說法，牛頓已到了著迷的地步。凱因斯成爲劍橋大學院長後，發現了牛頓在一六九六年自院長職位退休時留下的一大堆論文。凱因斯大爲震驚。

牛頓這上百萬字的手稿，大部分不是談力學或天文學，而是討論妙不可言的神學，顯示這位偉大的物理學家相信，聖經裏暗藏著人類歷史的預言。

凱因斯說，牛頓確信聖經——乃至於整個宇宙本身——乃是「全能的主所設定的密碼文字」，是以他希望能「解讀神性之謎、天命所定的過去未來諸事之謎」。

牛頓到臨終時仍在孜孜探求聖經密碼，但不管運用什麼數學模式，他這畢生的探求終歸徒然。

芮普斯卻成功了。伊利雅胡・芮普斯所以能發現艾賽克・牛頓爵士無緣目睹的聖經密碼，乃是因爲他擁有牛頓所欠缺的基本工具——電腦。聖經中暗藏的經文，彷彿是以類似定時鎖的密碼寫成，不到電腦問世無法解開。

數學運算模式

「我運用電腦，終於有所突破。」芮普斯解釋道。「我發現的密碼文字，絕不是統計學隨機或然率的現象。我知道，我將有重大發現。」

「這是我一生中最開心的時候。」二十多年前從俄羅斯回歸以色列的芮普斯，說起話來還是有點希伯來夾雜俄國腔。

他雖是信教虔誠，在每張運算紙的右上角都寫上兩個感謝上帝的希伯來字母，但他和牛頓一樣，也把數學視爲神聖的學問。

芮普斯告訴我，他發展出一套精密的數學運算模式，以電腦程式來執行，即可證實舊約的確是以密碼書寫。

不過，他在最後突破上總是遲滯不前，始終無法簡捷俐落地證實聖經密碼存在。這時，他碰到另一位以色列人，道倫・魏茨滕（Doron Witztum）。

魏茨滕是位物理學家，但是跟大學沒有任何來往，和芮普斯比起來，在科學界可說是藉藉無名。然而，完成上述數學運算模式的，就是這位魏茨滕。芮普斯認爲，他是「猶如魯瑟佛（Rutherford）一般的天才」。（按：魯瑟佛，生於一八七一年，卒於一九三七年，英格蘭物理學家，核子物理學的奠基者，對科學思想的影響堪與牛頓相提並論。）

芮普斯遞給我一份題爲〈聖經《創世記》裏的等距字母序列〉的論文，也就是他們的最初實驗報告。但見封面頁上的摘要寫著：「隨機分析結果顯示，隱含的資訊系以等距字母序列方式編入《創世記》經文中。有效率達到99.998%。」

我在他客廳裏一口氣讀完這篇報告。芮普斯等人的作法，是從聖經時代到現代的智者中，挑出三十二位大聖賢的名字，看看他們的名字和生卒年月，是否在聖經第一書的密碼裏。不僅如此，他們還拿《戰爭與和平》希伯來文譯本及二本希伯來原文書，查對同樣這些名字和日期。結果，在聖經裏，這些名字和日期是編寫在一起，在《戰爭與和平》及另二本書裏則不然。

而且，以隨機方式找出密碼資訊的或然率，最高是千萬分之一。

芮普斯在最後一次實驗裏，把這三十二個名字和六十四個日期打散，混合成一千萬個不同組合，也就是說，九百九十九萬九千九百九十九個是錯誤組合，正確配對的只有一組。然後以電腦運算，看看在這一千萬個例子裏，哪個能得出較佳結果——只有名字和日期同時在聖經出現的才算正確。

「其餘隨意配組的都不符，」芮普斯說。「結果是〇比九九九九九九九，或千萬分之一。」

五角大廈的解碼專家

美國政府最高特勤機關「國家安全局」，設在華府附近的祕密監聽站有位資深解碼專家，獲悉以色列有此驚世駭俗的發現之後，決定一探究竟。

畢生爲美國情報機關寫碼和解碼的哈洛德・甘斯（Harold Gans），原是統計學家出身，也會說希伯來語。他確信，所謂聖經密碼云云，不過是「離譜、荒唐」之說。

甘斯相信自己能證明聖經密碼根本不存在，於是自己設計了一套電腦程式，看看能否找到跟以色列人所發現的一樣的資訊。他大吃一驚。果然有。聖賢的名字確實跟他們的生卒日期密寫在一起。

甘斯還是不信。他決定再找找聖經裏是否另有嶄新的資訊，藉以揭露芮普斯實驗的缺失，甚至進而因此揭發一樁大騙局。

「我認爲，如果這是眞的，」甘斯說。「那麼，這些聖賢生卒的地點也應該密寫在內才對。」

甘斯在他四百四十小時的實驗中，不但查對芮普斯最後實驗選用的三十二位聖賢的名字，更加上了前次實驗名單上的三十四人，共計六十六人，一一比對城市地名，結果使得他不得不信。

「我背脊發涼，」甘斯回憶道。在聖經密碼裏，城市名也和聖賢的名字吻合。

這位五角大廈解碼專家利用自己的電腦程式，自行再現以色列實驗的結果。活在聖經成書後千百年間的人，點點滴滴都在聖經密碼記載中。芮普斯找出了名字，甘斯找出地名。聖經密碼眞實不虛。

「我們的結論是，這些結果證實了魏茨滕、芮普斯和羅森柏格（Yoav Rosenberg，另一位參與撰寫論文〈聖經《創世記》裏的等距字母序列〉的作者）的實驗報告。」甘斯在最後調查報告裏寫道。

「我在評估聖經密碼時，」後來甘斯說道。「是本著跟在國防部工作同樣的態度。」

「我起先是百分之百的懷疑，」這位五角大廈解碼專家說。「我原以爲只是無稽之談，本來是要反證密碼不實，結果反而證明它確實存在。」

數學界無法反駁的實驗

聖經暗藏過去和未來的消息，既不是或然率所致，也不是在別的書籍裏能找到的。

芮普斯和魏茨滕向美國權威的數學期刊《統計學》提出上述論文。主編羅伯・卡斯（Robert

Kass）乃是卡內基-美倫大學教授，他見了論文之後雖是疑信參半，仍決定依所有嚴肅科學刊物的同儕審查程序，另請專家審核。

出乎卡斯意料的是，芮普斯和魏茨滕的論文居然過關了。第一位審查員說，運算模式可靠。卡斯請了第二位專家，結果他也說，論文中的數據站得住脚。卡斯做了件破例的事——他請了第三位專家。

「我們的審查員百思莫解，」卡斯說道。「既有的想法使他們認爲，《創世記》不可能包含對現代人有意義的指涉。然而，幾位作者做了額外的審查，結果依然。」

卡斯發了封電子郵件給這兩位以色列專家：「你們的論文已通過第三道同儕審查，本誌將予刊出。」

儘管俗世的數學家不期然地心存懷疑，但沒有人能找到運算模式的缺點，沒有人能就實驗本身提出無法反駁的問題。聖經別有密碼顯示聖經成書後各大事件，此一驚人事實沒有人能抹煞。

隱藏在縱橫字謎裏的新啓示錄

聖經的結構猶如巨大的縱橫字謎，從頭到尾都是以密碼寫就的文字，環環相扣，訴說一則則暗藏的故事。

芮普斯解釋道，每一道密碼都是以相隔第四、第十二或第五十個字母一一相加，即可形成一個字。跳過X間距，加一個X間距，再加一個X間距…即可拼出隱含的訊息。以本段開頭的文字爲例，每隔三個字母即可以形成一個新的訊息：Rips ExplAineD thaT eacH codE is a Case Of adDing Every fourth or twelth or fiftieth to form a word，得出的隱含訊息爲 READ THE CODE，即「讀碼」。

但它不僅是跳躍碼而已。縱橫交錯於我們已知的經文之下，隱藏在原版希伯來文舊約之中的，是一套字詞和片語組成的網路，是嶄新的啓示錄。

聖經裏還有聖經。

聖經不單是一本書，更是一套電腦程式。它先是刻在石板上，再書寫於羊皮紙，最後付梓成書，等著我們發明電腦迎頭趕上。現在，我們終於可以按它原來打算讓我們看的方式閱讀它。

爲了找出密碼，芮普斯去除所有的字間距離，把整本的希伯來原文聖經變成一個連貫的字串，總長三十萬四千八百零五個字母。

芮普斯此舉實際上是把摩西五書還原爲聖賢所說的原狀。根據傳說，摩西從上帝手中接受的聖經就是「字字相連，無一中斷」。

電腦以跳躍碼的方式，在字串中找尋名字、單字和片語。從聖經的第一個字母開始，找尋每一種可能的跳躍序列——從跳過一、二、三個字母，依序到跳過數千個字母，看看能拼出什麼字；然後再從聖經第二個字母開始，如是周而復始，一直到聖經最後一個字母。

電腦找到關鍵字之後，會接著找相關的訊息。一找再找，相關的名字、日期和地名無不密密相連——拉賓、艾米爾、特拉維夫、拉賓遇刺之年，都在聖經同一地方。

電腦以兩種測試法記錄字與字間的組合——同時出現的字詞與字詞之間的距離如何、拼出搜索單字的跳躍間距是否最短。

芮普斯以波斯灣戰爭爲例，說明電腦運作的方式。「我們要電腦找尋沙達姆・海珊，」他說。「然後再找相關字，看看它們是否會依正確方式一起出現。結果我們發現，飛毛腿跟俄製飛彈、開戰日和海珊的名字密寫在一起。」

這些字詞各自形成字謎。於是，串連在一起的字詞互相交錯，透露出相關的消息。如比爾・柯林頓的名字和總統一詞交錯在一起；登陸月球跟太空船和阿波羅十一號，希特勒和納粹，甘迺迪和達拉斯亦然。

經過再三實驗的結果，這種字謎都只能在聖經裏找到，《戰爭與和平》等各類書籍和千百萬種電腦製造的實驗個案都不行。

根據芮普斯的說法，密寫於聖經裏的情報數量無窮無盡。每次在密碼中發現新的名字、單字或片語，就有新的縱橫字謎形成，相關的字詞以垂直、水平或對角方式相交。

尋找刺客

我們不妨以拉賓遇刺案當個案研究。

我們首先要電腦在聖經中搜尋「伊茲哈克·拉賓」這個名字。結果這個名字只出現一次，跳躍序列爲四七七二。

電腦將整部聖經三〇四八〇五個字母，分成六十四行，每行四七七二個字母。下面這個表是聖經密碼矩陣中央部分的局部，其正中央就是「伊茲哈克·拉賓」這個名字，每個字母都以圓圈框起來。

若「伊茲哈克·拉賓」的跳躍碼是十，那麼每一行的長度就是十個字母，若跳躍碼是一百，則每行長度爲一百個字母。每當行列重新組合，都會形成一套相關的新單字和片

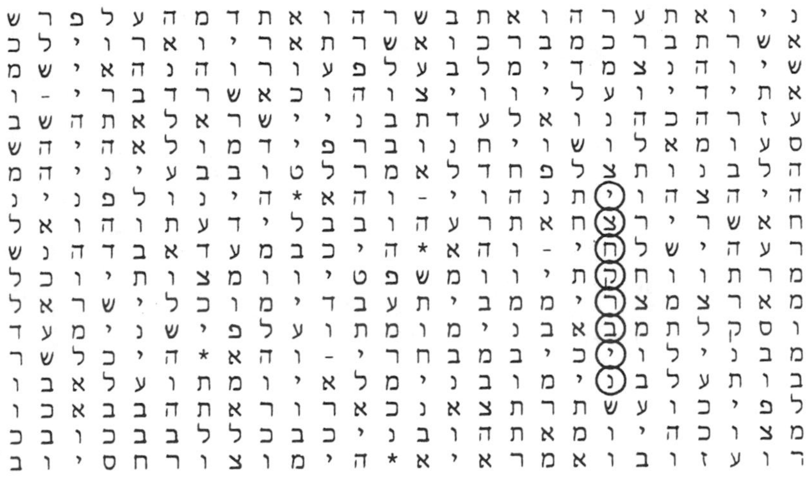

○ 伊茲哈克·拉賓

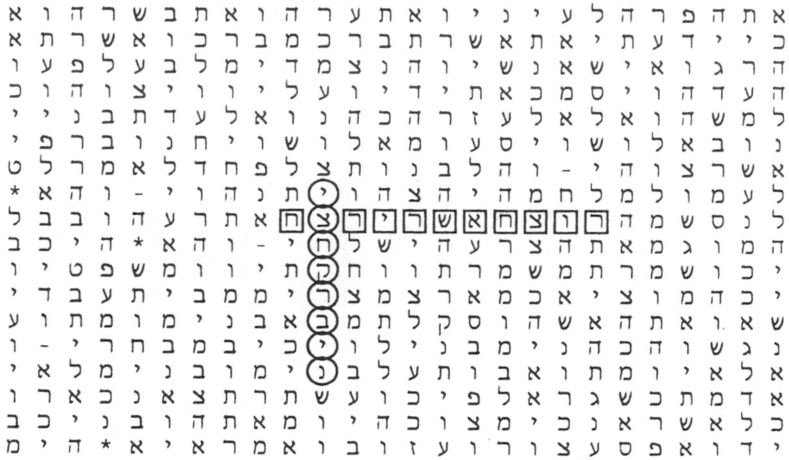

○ 伊茲哈克・拉賓　□ 刺客將行刺

○ 伊茲哈克・拉賓　□（刺客）將行刺　◇ 艾米爾

語。

電腦如何呈現聖經經文、形成什麼字謎，完全由密碼字決定。三千年前聖經就以密碼寫好，只要發現了拉賓的名字，自然就會顯露相關的情報。

我們在跟「伊茲哈克・拉賓」相交的地方，找到「刺客將行刺」這幾個字，如前頁上圖所示，每個字母都加以方框。

拉賓全名跟預言他遇刺的字眼一起出現的或然率是三千分之一，而數學家們認爲，百分之一就已是機遇難逢了，以前最嚴格的測試標準也不過是千分之一而已。

我飛到以色列去提醒拉賓，是在一九九四年九月一日。一直要等到他遇害一年後，我們才在出現「伊茲哈克・拉賓」和「刺客將行刺」的同一地方，找到刺客的名字「艾米爾」。

艾米爾的名字存在那裏已經三千年，等著我們去發現。可惜聖經密碼不是水晶球，若是不知道要找什麼，你就會一無所獲。

微乎其微的機率

顯而易見的，這不是諾斯特拉達穆斯（Nostradamus，十六世紀的法國星象學家）式的預言，不是「星起東方，大王將墜」之類的話語，可以隨後人解讀，用來涉指確實發生的事件。

相反的，拉賓的全名、刺客的名字、他遇害的年份等明確細節，都一一出現在聖經密碼裏，跟有線電視新聞網（CNN）的新聞報導一樣精確，只差沒有事前發現艾米爾這個名字而已。

然而，這仍然很難令人置信。我問芮普斯，是否其他任何書籍就不可能找出類似的資訊，找出沒有眞實意義的隨機字詞組合。找到波斯灣戰爭的開戰日，乃至拉賓遇刺，會不會只是個巧合？

芮普斯從口袋裏掏出一枚錢幣，抛在空中。「只要是一枚眞正的錢幣，」他說。「那麼，正面和背面向上的機率是各居一半。若是我抛出二十次，每次都是正面向上，只怕人人都會認爲這枚錢幣動了手脚。連續二十次正面的機率少於百萬分之一。」

「聖經就像動了手脚的錢幣一般，」芮普斯說道。「它是以密碼書寫。」

他引用最初的實驗，亦即密寫於《創世記》中的聖賢爲例。「另一個可能是，我們湊巧發現三十二個人名和六十四個日期的最佳組合，但這麼機緣巧合的機率只有千萬分之一。」

如果芮普斯所言不差，如果眞有聖經密碼，如果它眞能預知未來，那麼，這是傳統科學無法解釋的。

有些傳統的科學家無法接受，自是不足爲奇。澳洲統計學家亞夫拉翰·哈梭佛（Avraham Hasofer）在芮普斯未公布實驗報告，在不明其數學運算的證據之前，即大肆抨擊。「在龐大的資料組群裏，必然會出現若干圖式。」他說，「雲兒朶朶都有個形狀，同樣的，數字或字母的組合也有形有狀。」

「總之，」哈梭佛說，「用統計法來測試有關信仰的事，會引發嚴重問題。」

芮普斯說，批評他的人誤解科學，也誤解信仰。他指出，哈梭佛沒做過統計測試、沒核對數學運算模式，也沒看過聖經密碼。

「當然，任何一本書都可以找到隨機字母組合，」芮普斯說道。「當然，任何一個大型的資料庫都可以找到『沙達姆．海珊』，但要事先在相同的地方找到『飛毛腿』、『俄製飛彈』和開戰日期，卻是不可能的。除了聖經之外，不論是十萬、百萬個字母的書籍，都找不到如此連貫的資訊。」

「現在很多人都認爲，聖經只是古老的民俗故事、神話，科學則是唯一可靠的眞實圖像。另有些人說，聖經既是上帝的話語，必然是眞實不虛，因此，錯的必是科學這一方。我認爲，當我們對兩者都有相當了解之後，宗教和科學會合而爲一，我們便會擁有一個『統一場理論』。」

芮普斯-魏茨滕論文披露後，近三年間沒有人向美國數學期刊提出反駁。

實際檢證過聖經密碼的科學家已經證實密碼的存在。五角大廈解碼專家、數學期刊三位審查員、哈佛、耶魯和希伯來大學的教授們，一開始都是心存懷疑，結果則是深信不疑。

過去與未來並存於現在

愛因斯坦曾說：「過去、現在和未來的區別，無論怎麼執著，終究是虛妄。」他指出，時間完全不是那麼回事。它不是單向移動，而且未來與過去同時存在。

另一位爲我們界定這個宇宙的大物理學家牛頓，不但說未來已經存在，更認爲事先可以預知，甚且自己實際動手找尋揭示未來的聖經密碼。

現在有些科學家，包括當今頂尖的物理學家史蒂芬・霍金在內都認爲，有一天人人都可以做時光旅行。「未來我們也許有能力做時光旅行，」霍金說。

也許詩人艾略特說的不錯：「現在時與過去時／或許並呈於未來時中／而未來時則包含在過去時裏。」

但在沒有足以取信一名新聞記者的那種證據，那種可以在現實世界中查證的消息之前，要我相信密寫於聖經裏的未來訊息，我卻是還沒有心理準備。

我跟芮普斯的處所盤桓一個星期，一起在他的電腦邊研究。我請他找出跟最近的世界大事相關的消息，如剛剛驚鴻一瞥的彗星、現代科學的發展，而他則一一從舊約找到我要的消息。我們查對作爲「實驗對照本」的《戰爭與和平》便毫無所獲，一查聖經卻赫然在目。

在那一星期和往後六次以色列之行，以及我自己五年多的調查中，我們找到十、百、千件世界大事密寫在聖經裏。隨便那一天，拿起《紐約時報》或《耶路撒冷郵報》，只要頭版新聞夠份量，就可能在三千年前寫成的密碼文書裏找到。

這些消息屢經證實，準確性不下於現今的報紙記事。從《創世記》到《申命記》，有關的姓名、地點和日期一應俱全，有時甚至可事先發現。

猶如大事紀

一九九二年美國總統大選前六個月，密碼顯示柯林頓會當選。與「柯林頓」這幾個字母相交錯的，是他日後的頭銜「總統」。

近年美國政壇最轟動的大事，尼克森因水門危機下台，也在聖經密碼記載中。「水門」跟「尼克森」和他被迫辭職的一九七四年一起出現。

聖經暗文在密寫「水門」的地方問道：

○ 柯林頓　□ 總統

○ 水門　□ 他是何人？總統，但被掃地出門

「他是何人？總統，但被掃地出門。」

「大蕭條」跟股市崩盤密寫在一起。在聖經裏，「經濟崩潰」與「蕭條」、「股票」一起出現，肇始的年份一九二九（猶太曆五六九〇年）也密寫在同一地方。

此外，人類的重大成就如登陸月球，也在密碼記載裏。不但「人上月球」跟「太空船」和「阿波羅十一號」一起出現，連太空人阿姆斯壯第一次踏上月球表面的日期，一九六九年七月二十日，也在聖經裏。

甚至阿姆斯壯的名言：「個人一小步，人類一大步」，在聖經暗文裏也有類似的話。在密寫他踏上月球之日期的地方，有「人類所爲，一人所爲」幾個字跟「月球」一詞相交。

這些跟「阿波羅十一號」一起出現的字眼，都密寫在《創世記》中上帝告訴亞伯拉罕：「你舉目看看天空，數數上面的星星，你可以數得盡嗎？」的地方。

預知星球撞擊事件

初訪以色列之後的那幾年，我自己一直在探求聖經密碼，但不是以數學家的身分，而是以新聞調查報導記者的身分查核各種事實。

除了數學運算之外，可以證明、查證的是有關最近的過去和未來的消息。我在調查進行已兩年的時候，發現密碼中預言一件宇宙奇觀，並在隨後親眼看見它在現實世界中發生。

一九九四年七月，世人目睹太陽系前所未見的大爆炸。一顆彗星以千餘萬噸的力量撞上

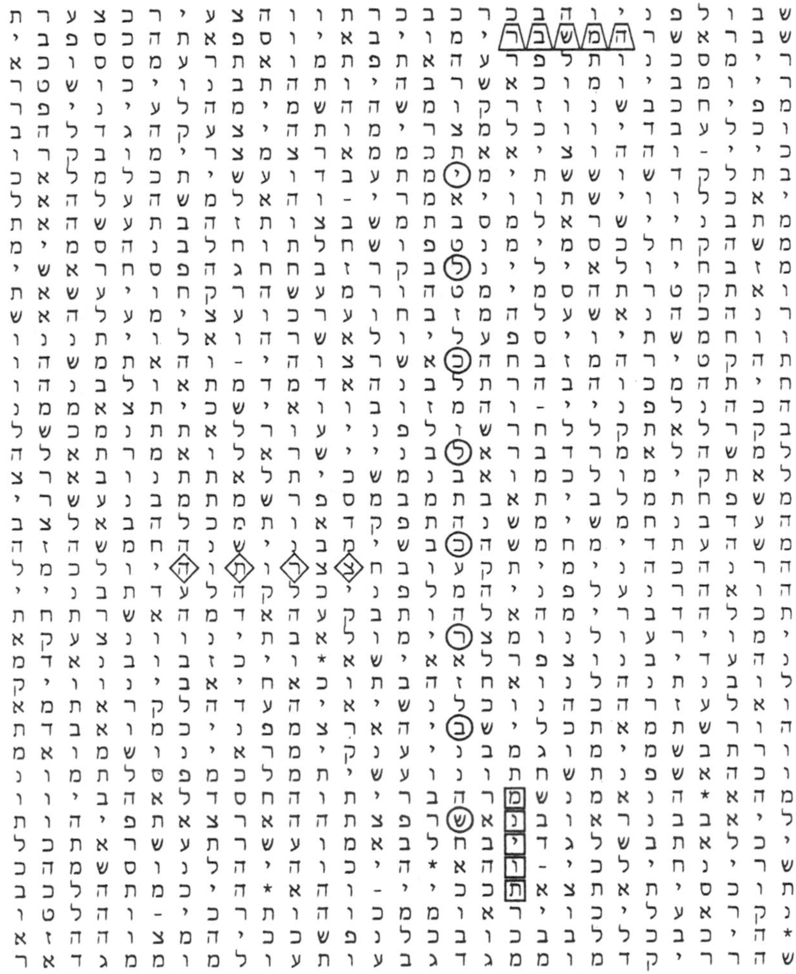

○ 經濟崩潰　　⏢ 大蕭條　　◇ 1929　　□ 股票

ד י ו ה כ ה נ ו ר ח צ ב ש ר ו ב מ י מ ו א ח ר י ב א א

ה ל א ז ר ק ע ל י ו ט מ א י ה י ה ע ו ד ט מ א ת ו ב ו

ו (א) מ ת ו כ ה ק ה ל כ י א ת מ ק ד ש י - ו ה ט מ א מ י

ה ו א ה ר נ מ פ נ י ה ק ה ל א ל פ ת ח א ה ל מ ו ע ד ו

ר נ ת ת י ל ה מ ה מ ה מ י מ ר י ב ה א ש ר ר ב ו ב נ י

ר ב ר ג ל י א ע ב ר ה ו י א מ ר ל א ת ע ב ר ו י צ א א

ר ו י ר ד מ ש ה ו א ל ע ז ר מ נ ה ה ר ו י ר א ו כ ל ה

ת ה ע מ ו (י) מ ת ע מ ר ב מ י ש ר א ל ו י ב א ה ע מ א ל

ו א ת ה נ ח ל י מ א ר נ ו נ ו א ש ד ה נ ח ל י מ א ש ר

ה ו י ל ח מ ב י ש ר א ל ו י כ ה ו י ש ר א ל ל פ י ח ר

ה ל ר ג ל א ת י ע ז ר ו י ל כ ד ו ב נ ת י ה ו י י ר ש

ר א ת י ר ק ה ש ד ה ו ב ל ק ב נ צ פ ו ר מ ל כ ל מ ו א

פ ר מ ל כ מ ו א ב (ש) ל ח א ל י ה נ ה ה ע מ ה י צ א מ מ

א ת פ י י - ו ה א * ה י ל ע ש ו ת ק ט נ ה א ו ג ד ו ל

ל [ח] צ א ת ר ג [ל] ב ל ע מ א [ל] ה ק י ר ו [י] ס פ ל ה כ [ת] ה

ת א ת נ כ ז ה ש ל ו ש ר ג ל י מ ה נ ה א נ כ י י צ א ת

ה י כ ל א ו כ ל ד ב ר מ א ו מ ה ה ד ב ר א ש ר י ש י מ

ב ל ק ו כ ה ת ד ב ר ו י ש (ב) א ל י ו ו ה נ ה נ צ ב ע ל

ש ד ה צ פ י מ א ל ר א ש ה פ ס ג ה ו י ב נ ש ב ע ה מ ז

מ ה פ ע ל א * ה נ ע מ כ ל ב י א י ק ו מ ו כ א ר י י ת

ו ו י ש א ב ל ע מ א ת ע י נ י ו ו י ר א א ת י ש ר א ל

ב ר כ ת ב ר כ ז ה ש ל ש פ ע מ י מ ו ע ת ה ב ר ח ל כ א

י ר ש ה ו ה י ה י ר ש ה ש ע י ר א (י) ב י ו ו י ש ר א ל

ל ר א ש י ה ע מ ו ה ו ק ע א ו ת מ ל י - ו ה נ ג ד ה ש

ו כ מ ו ל א כ ל י ת י א ת ב נ י י ש ר א ל ב ק נ א ת י

א ל מ ב נ ע ש ר י מ ש נ ה ו מ ע ל ה ל ב י ת א ב ת מ כ

א כ ל ה א ש א ת ח מ ש י מ ו מ א ת י מ א י ש ו י ה י ו

ר ח מ ש פ ח ת ה ז ר ח י ו י ה י ו ב נ י פ (ר) צ ל ח צ ר

ת ה א י ע ז ר י ל ח ל ק מ ש פ ח ת ה ח ל ק י ו א ש ר י

מ מ ש פ ח ת ה ש ו פ מ י ל ח ו פ מ מ ש פ ח ת ה ח ו פ מ

ה ג ו נ י ל י צ ר מ ש פ ח ת ה י צ ר י ל ש ל מ מ ש פ ח

ת ה ו ל ד א ת ע מ ר מ ו ש מ א ש ת ע מ ר מ י ו כ ב ד ב

ו י ה ו ש ע ב נ נ ו נ ו ת ק ר ב נ ה ב נ ו ת צ ל פ (ח) ד

מ ר א י ש כ י י מ ו ת ו ב נ א י נ ל ו ו ה ע ב ר ת מ א

פ נ י ה מ ו א ש ר י ב א ל פ נ י ה מ ו א ש ר י ו צ י א

ל א מ ר צ ו א ת ב נ י י ש ר א ל ו א מ ר ת א ל ה מ א ת

ש ב ת ו ע ל ע ל ת ה ת מ י ד ו נ ס כ ה ו ב ר א ש י ח ד

○ 人上月球　　□ 太空船

木星，形成許多大如地球的火球。

我用在以色列時請人幫我以芮普斯數學運算模式爲基礎所寫出的電腦程式，在彗星撞木星前兩個月，就發現聖經密碼記載了這事件。

有關這次撞擊事件的記載，在聖經裏出現兩次。一次在《創世記》，另一次在《以賽亞書》。依一九九三年發現彗星的天文學家而命名的「舒梅克-李維」彗星(Shoemaker-Levy)，兩次都是以全名出現，以圖示的方式呈現彗星撞「木星」。在聖經密碼裏，行星和彗星的名字兩度相交。在《以賽亞書》裏，則預先記載著撞擊的正確日期，七月十六日。

天文學家在事發前幾個月才能預知的事件，聖經密碼卻在三千年前就已正確預言。

就是這類極爲明顯的發現，使我幡然相信。在這兩年的調查中，我不斷自問：這會是眞的嗎？聖經裏眞的暗藏不屬人間的智慧？儘管證據紛至沓來，每日醒來我仍是疑信參半。

○ 舒梅克-李維 ◇ 將撞擊木星 □ 第八阿伏月／1994年7月16日

אלוטוידבראלחתניולקחיבנתיוויאמרקומוצאומנהמקומהזהכימשחיתי-והאתהעירויהיכ

הככרואתכלישביהערימוצמחהאדמהותבטאשתומאחריותהינציבמלחוישכמאברהמבבקראלה

הצעירהגמהואילדהבנותקראשמובנעמיהואאביבניעמונעדהיומויסעמשמאברהמארצההנגב

יאמראברהמכיאמרתירקאיניראתא*הימבמקומהזהוהרגוניעלדבראשתיוגמאמנהאחתיבתאב

אברהמהיניקהבנימשרהכיילדתיבנלזקניוויגדלהילדויגמלויעשאברהממשתהגדולביומה

לאאתהחמתמימותשקאתהנערויהיא*הימאתהנערויגדלוישבבמדברויהירבהקשתוישבבמדבר

ויגראברהמבארצפלשתימימרבימויהיאחרהדברימהאלהוהא*הימנסהאתאברהמויאמראלי

לשחטאתבנוויקראאליומלאכי-והמנהשמימויאמראברהמאברהמויאמרהנניויאמראלתשלחי

להילדהמלכהלנחוראחיאברהמופילגשוושמהראומהותלדגמהואאתטבחואתגחמואתתחשואתמ

מהארצלאמראכאמאתהלושמענינתתיכספהשדהקחממניואקברהאתמתישמהויענעפרונאתאברה

הארצאשריצאתמשמויאמראליואברהמהשמרלכפנתשיבאתבנישמהי-והא*היהשמימאשרלקחני

רדהעינהותמלאכדהותעלוירצהעבדלקראתהויאמרהגמיאינינאמעטמימכדכותאמרשתהאדנ

עיניויאמרבואברוכי-והלמהתעמדבחוצואנכיפניתיהביתומקומלגמלימויבאהאישהביתהו

מכדכואמרהאליגמאתהשתהוגמלגמליכאשאבהואהאשהאשרהכיחי-והלבנאדניאניטרמאכלה

שבהנעראתנוימימאועשוראחרתלכויאמראלהמאלתאחרואתיוי-וההצליחדרכישלחוניואלכ

תשבאואתדדנובנידדנהיואשורמולטושמולאמימובנימדינעיפהועפרוחנכואבידעואלדעה

מתויאספאלעמיווישכנומחוילהעדשוראשרעלפנימצרימבאכהאשורהעלפניכלאחיונפלואל

בכרתכליויאמרעשוהנהאנכיהולכלמותולמהזהליבכרהויאמריעקבהשבעהליכיומוישבעלו

ויאמראליויצחקכיאמרתיפנאמותעליהויאמראבימלכמהזאתעשיתלנוכמעטשכבאחדהעמאתא

לנוופרינובארצויעלמשמבארשבעויראאליוי-והבלילההואויאמראנכיא*היאברהמאביכ

כהינעיניומראתויקראאתעשובנוהגדלויאמראליובניויאמראליוהנניויאמרהנהנאזקנת

אתיעקבבנההקטנואתערתגדייהעזימהלבישהעלידיוועלחלקתצואריוותתנאתהמטעמימואת

ומברכיכברוכויהיכאשרכלהיצחקלברכאתיעקבויהיאכיצאיצאיעקבמאתפנייצחקאביוועש

לצוארכוישטמעשואתיעקבעלהברכהאשרברכואביוויאמרעשובלבויקרבוימיאבלאביוואהרג

לומשמאשהבברכואתוויצועליולאמרלאתקחאשהמבנותכנענוישמעיעקבאלאביוואלאמוויל

רשממראשתיווישמאתהמצבהויצקשמנעלראשהויקראאתשמהמקומההואביתא*ואולמלוזשמהע

הצאנאשרלאביהכירעההואויהיכאשרראהיעקבאתרחלבתלבנאחיאמוואתצאנלבנאחיאמוויג

הויתנלבנלהאתזלפהשפחתוללאהבתושפחהויהיבבקרוהנההואלאהויאמראללבנמהזאתעשית

ויחראפיעקבברחלויאמרהתחתא*הימאנכיאשרמנעממכפריבטנותאמרהנהאמתיבלההבאאליה

ישמעא*הימאללאהותהרותלדליעקבבנחמישיותאמרלאהנתנא*הימשכריאשרנתתישפחתילאי

ראעברבכלצאנכהיומהסרמשמכלשהנקדוטלואכלשהחומבכשבימוטלואונקדבעזימוהיהשכר

קבויפרצהאישמאדמאדויהילוצאנרבותושפחותועבדימוגמלימוחמרימוישמעאתדבריבניל

א*אשרמשחתשממצבהאשרנדרתלישמנדרעתהקומצאמנהארצהזאתושובאלארצמולדתכותענרחל

יותנהגאתבנתיכשביותחרבלמהנחבאתלברחותגנבאתיולאהגדתליואשלחכבשמחהובשרימבת

רחליכועזיכלאשכלוואיליצאנכלאאכלתיטרפהלאהבאתיאליכאנכיאחטנהמידיתבקשנהגנב

יאמרלבנליעקבהנההגלהזהוהנההמצבהאשריריתיביניובינכעדהגלהזהועדההמצבהאמאני

שואלהמחנההאחתוהכהווהיההמחנההנשארלפליטהויאמריעקבא*היאביאברהמוא*היאבייצ

לעשובמצאכמאתוואמרתמגמהנהעבדכיעקבאחרינוכיאמראכפרהפניובמנחהההלכתלפניואח

רבעמאותאישויחצאתהילדימעללאהועלרחלועלשתיהשפחותוישמאתהשפחותואתילדיהנראש

להמלאכהאשרלפניולרגלהילדימעדאשראבאאלאדנישעירהויאמרעשואציגהנאעמכמנהעמאש

קהנפשובבתכמתנונאאתהלולאשהוהתחתנואתנובנתיכמתתנולנוואתבנתינותקחולכמואתנ

ונתנלהמאכבזאתיאתולנוהאנשימלשבתאתנולהיותלעמאחדבהמוללנוכלזכרכאשרהמנמלימ

אלהיהנכראשרבתככמוהטהרווהחליפושמלתיכמונקומהונעלהביתא*ואעשהשממזבחלא*הענ

תאבנויסכעליהנסכויצקעליהשמנויקראיעקבאתשמהמקומאשרדבראתושמא*הימביתא*ויסע

עשוהואאדומעשולקחאתנשיומבנותכנענאתעדהבתאילונהחתיואתאהליבמהבתענהבתצבעונ

עשואלופתימנאלופאומראלופצפואלופקנזאלופקרחאלופגעתמאלופעמלקאלהאלופיאליפז

ואלההמלכימאשרמלכובארצאדומלפנימלכמלכלבניישראלוימלכבאדומבלעבנבעורושמעיר

יבנזקנימהואלוועשהלוכתנתפסימויראואחיוכיאתואהבאביהממכלאחיווישנאואתוולאי

וישאלהואישלאמרמהתבקשויאמראתאחיאנכימבקשהגידהנאליאיפההמרעימויאמרהאישנס

חיוויעברואנשימדינימסחרימוימשכוויעלואתיוספמנהבורוימכרואתיוספלישמעאלימ

חיהודהאשהלערבכורוושמהתמרויהיערבכוריהודהרעבעיניי-והוימתהוי-והויאמריהוד

אשרבידכויתנלהויבאאליהותהרלוותקמותלכותסרצעיפהמעליהותלבשבגדיאלמנותהוישל

יוספהורדמצרימהויקנהופוטיפרסריספרעהשרהטבחימאישמצרימידהישמעאלימאשרהורדה

○ 舒梅克-李維　　◇ 木星

莫非是騙局？莫非又是有如希特勒日記一般，又一個克里佛・鄂文（Clifford Irving），不是什麼新啓示？

拉比和學者教授對聖經來源的看法莫衷一是。宗教界權威人士表示，從《創世記》到《申命記》這舊約前五書，乃是三千多年前寫就的；學術界權威人士則認爲，那是數百年間輾轉經無數人之手才寫成的。這種論難其實無關緊要。

舊約經文定本起碼已有一千年，在這段期間裏，沒有更動過一個字母。這是學術界人士也毫不質疑的。公元一〇〇八年完整版（列寧格勒抄本）和現存所有希伯來文聖經版本，每一個字母都相同。因此，我在電腦程式中發現一九九四年七月十四日彗星撞木星正確日期的經文，起碼有一千年沒有更動過。

若是騙局就得有個能預見未來的設局者，是以騙局的可能性大可排除。沒有一個設局者可以在聖經時代、黑暗時代，乃至事前兩個月的一九九四年春天，就以密碼寫下彗星撞木星的事實。我再一次感到十分確定。

我到哥倫比亞大學探望芮普斯。他那時是哥大訪問教授，所使用的數學大樓那間辦公室，正是二十六年前發起全球救援行動，把芮普斯從蘇聯監獄救出來的「美國數學學會」會長李普曼・柏思（Lipman Bers）用過的辦公室。

當年在蘇聯還是年輕研究生的芮普斯，因參加示威反對一九六八年紅軍入侵捷克被捕，在牢裏做了兩年的政治犯。西方國家數學界出面代爲說項，芮普斯終於獲釋，並獲准移民以色列。

現爲耶路撒冷希伯來大學教授的芮普斯，同時也在芝加哥大學和柏克萊大學授課，廣受數學界敬重。

芮普斯在哥大辦公室看了我列印的木星撞擊事件資料後，說道：「好過癮。」他跟我一樣，仍爲聖經密碼的準確性稱奇不已。

天文學家可以從追蹤彗星軌道和測量彗星行進速度中，得知它會撞上木星。但是，不管是誰寫下聖經密碼，他們在舒梅克和李維發現這顆彗星前數千年，如何能擁有同樣的資訊，怎麼能記下撞擊的日期？

當然，這關係到一個大問題——怎麼預知未來？

一覽無遺的宇宙

我跟芮普斯一起去見哈佛大學頂尖數學家大衛・卡茲丹（David Kazhdan）。卡茲丹告訴我，他相信聖經密碼是眞的，但無法解釋它是如何運作。

「聖經的確是在三千年前就以密碼記載有關未來大事的資訊。」卡茲丹說，「我見過一些無法以科學論點反駁的結果，因此，我認爲它是眞的。」

「它是怎麼運作的？」我問道。

「還不知道。」卡茲丹說，「不過，我們也是在發現電一百年後才能解釋電的現象。」

我始終認爲，在尚未發生前，未來應是不存在的。於是我不免問芮普斯和卡茲丹，不管是人還是上帝，怎麼能看到還不存在的事。

芮普斯先從神學的角度回答：「這個世界是被創造出來的，」他說，「但造物主不受時間和空間所限。對我們而言，未來不存在，但在造物主眼中，從初始到終末，整個宇宙一覽無遺。」

卡茲丹則提出牛頓式的解釋。「科學界接受的論點是，只要知道每個分子和原子的位置，就可以預見一切。」他說，「在這力學世界裏，只要知道物體如子彈、火箭或火星的位置和速度，我們就可以正確地知道它抵達的時間和地點。所以，從這個意義上說，預知未來並不是問題。」

「但若你問我，聖經裏密寫著未來大事，我是否感到驚訝，」卡茲丹補充道，「當然驚訝。」

誰能預見未來？

耶魯大學首屈一指的數學家比亞捷斯基-沙皮洛 (I. Piatetski-Shapiro) 也證實聖經密碼確有其事，但他同樣對它揭示聖經成書後的大事嘖嘖稱奇。

「我相信密碼是眞的。」他說，「我見過，結果令人十分驚訝。預言未來、希特勒和納粹大屠殺。」

芮普斯的以色列同僚魏茨滕曾就「納粹大屠殺」問題做過廣泛搜尋，結果發現聖經密碼有極詳盡的說明。

「希特勒」和「納粹」跟「屠殺」密寫在一起，「在德國」和「納粹」與「柏林」一起，而實際管理集中營的「艾奇曼」(Adolf Eichman) 則和「焚化爐」與「滅絕」在一起。

「在奧許維茨 (Auschwitz)」以密碼記載在聖經明文「毀滅一切生物」的地方，甚至連「最後解決」的技術面詳情也在該處，例如用來殺害猶太人的毒氣 "Zyklon B" 就和「艾奇曼」一起出現。

比亞捷斯基-沙皮洛看到這些發現，不由大吃一驚。「身爲數學家，我的直覺是箇中必然有眞的成分。」

但這位耶魯教授難解其中奧妙。「已知的數學定律無法解釋，預見未來是怎麼一回事。」他說，「牛頓物理學太簡略，無法解釋一套如此複雜而翔實的預言，量子物理學也還有所不足。我們在這裏所談的是超乎人智的知能。」

這位數學家頓了一下，然後說道：「我認爲只有

一個答案，就是上帝確實存在。」

「依你看，有一天我們是否能以純科學的說法來解釋？」我問道。

「我很懷疑。」比亞捷斯基-沙皮洛說，「縱使能解釋一部分，但總有些部分仍然會是未知的。」

「就理論上說，相信聖經密碼而不信上帝未嘗不可。」他接著說道，「但若能假定上帝存在，自然就用不著回答『誰能預見未來』這種問題了。」

是可能？還是註定？

若未來可以預見，是否也能改變呢？

若是我們事先知道希特勒，是否就能防止第二次世界大戰發生？

拉賓或甘迺迪是否就能從刺客槍下逃生？

即便事先在聖經密碼裏發現艾米爾或奧斯華，是否就能阻止他們行兇呢？是否另有可能，例如槍手被捕，拉賓或甘迺迪無恙？

關鍵在於，聖經密碼告訴我們的，究竟是必會發生，還是可能會發生的？所呈現的是註定的未來，還是預言所有可能的未來？

自從海森柏格提出著名的「測不準原理」之後，物理學者也陷於同樣的辯難之中。史蒂芬・霍金以一般人能了解的話，爲這個原理做了個界定：「一個人若是連宇宙的現況都無法正確測定，自然不可能正確地預言未來事件！」

多數科學家都相信，「測不準原理」是這個世界不可避免的屬性，而它所陳述的正是：未來不是一個，而是有許多可能的未來。

霍金這樣說：「量子力學不是每一次觀察預測單一的明確結果，而是預測無數不同的可能結果，且告訴我們每種結果的可能性如何。」

聖經密碼是否也和量子物理學一樣，呈現所有的可能性？或者密碼中所預言的鐵定會像拉賓遇刺般確實發生？所有的預言都靈驗嗎？

儘管我們對聖經密碼的了解還不足，不過，即使是似乎業已確立的「測不準原理」，恐怕也不能適用於密碼。

到頭來，所有的傳統科學，乃至於人類所有關於眞實的一般見解，可能都是無關緊要的。倘若有某種存在站在我們這個系統、三度空間和時間之外，以密碼寫就聖經，那麼這密碼極可能不會遵循我們的科學法則或其他法則。

連霍金也承認，或然率定律可能無法適用於上帝。「我們仍然只能臆想，另有一套全然是爲了超自然存在而設的決定法則。」

一旦我們承認，我們並不孤單，除了我們之外另有某種知性的存在，一切就都得重新評估。

而且，我們這個時代最偉大的科學家愛因斯坦，也從未接受宇宙是由或然率支配的想法。

「量子力學誠然扣人心弦，」愛因斯坦說，「但內在的聲音告訴我，這還不究竟。這個理論揭露了很多奧祕，但還不能眞正讓我們更接近『撒旦』之祕。」

「上帝不作興玩骰子，」愛因斯坦說。

頂尖數學家的證言

聖經裏眞的有密碼記載著幾千年後的大事，事前預告我們的歷史，爲我們揭示尚未存在的未來？

我去拜訪以色列最著名的數學家羅伯·歐曼（Robert J. Aumann）。此人是當世「博奕論」專家，同時也是以色列和美國科學院院士。

「聖經密碼全然是事實，」歐曼說。

「學理上無懈可擊，」他繼續說道。「芮普斯的結論超越了我們平常在科學中所見的一切，意義十分重大。我仔細讀過他的資料，結論直截了當。」

「就統計學上說，它已超越了一般的要件。以前運用最嚴格的標準不過是千分之一，芮普斯的實驗起碼在十萬分之一的水平，其結果不同凡響。這不是一般科學實驗所能見到的結果。」

「以看待他類科學實驗的態度相待——很冷靜、很有系統地加以測試，再審視結果，是很要緊的。依我看，聖經密碼全然是事實。」

「我是以會統專家的身分提出此說法。我查對過摩西五書，眞實不虛。」歐曼說道。「不僅是眞實不虛，而且是絕對眞實。」

歐曼本來也持懷疑態度。他起先無法相信聖經裏會有揭示未來的密碼。「這跟我數學家的訓練，乃至於我已習以爲常的宗教思想，完全背道而馳，」他說。「它跟科學所知的大不相同，與數百年演變而來的現代科學絕無雷同。」

歐曼跟以色列、美國和全世界頂尖的數學家談過，沒有人能找出數學運算模式的瑕疵。他追蹤芮普斯的實驗長達數年，接著自己又繼續做了幾個月的調查。

終於，在一九九六年三月十九日，這位以色列最著名的數學家告訴以色列科學院：「聖經密碼是業經證實的事實。」

有限的資料庫，無盡量的資訊

聖經密碼之祕，還有許多是無人能解的。誠如對此了解最深的芮普斯所說，它宛如有幾千片的拼圖塊，而我們手中只有幾百片而已。

「聖經密碼廣爲人知之後，人們嘗試以它來預測未來，自會知道它是何等複雜，」芮普斯說。「所有的可能性具陳，而我們的作爲也許可以決定實際發生的事件。所以如此，也許是爲了維持人的自由意志的緣故。」

「最糟的是，可能有人會把在聖經密碼中的發現解釋成誡命，認爲是在告訴他們該怎麼做。其實並非如此，它只是消息，也許只是可能性。」

然而，若是所有的可能性都在聖經密碼裏，反而會把這個大問題提昇到新的層面：人類歷史中的每一時刻如何都能編成密碼？在廣大綿延的歷史裏，即便是拉賓遇刺、登陸月球和水門事件，也都只是瞬間而已，如何能悉數密寫在一本書裏？

我問過芮普斯，密碼中的資訊是否有其限制，聖經裏到底涵藏多少人類的歷史。

「無所不包，」數學家說道。他再度引述我們初次見面時，他向我朗讀的那位十八世紀聖賢「維爾納天才」的話語：「過去、現在到時間終了，一切都包羅在摩西五書中。」

舊約原文既然只有三十萬四千八百零五個字母，這怎麼可能？

「理論上說，密碼記載的資訊無盡無量，」芮普斯說。他拿過我的筆記本寫出下一道方程式。「我們只要有了有限集合，就可以找乘方集合與所有次集合的集合，」他說。「每一集合的每一元素都可以不斷循環。」他說著，同時已經在記事本上寫下公式：$S, P(S), P(P(S)) = P^2(S) ..., P^k(S)$。

我不懂數學，但我可以了解箇中涵意。資料庫雖然有限，卻可做無數的排列組合。

「起碼有一百億或兩百億種組合，」芮普斯說。他接著解釋這個數字的意義。「如果你從一開始數，夜以繼日數個不停，得數上一百年才能數到三十億。」換句話說，聖經密碼容納的資訊量，多得我們幾輩子也數不完，遑論要把它一一找出來。而且，這還不包括二、三或十個不同字詞相連便可創出的「字謎」在內。芮普斯說，終其究竟，資訊量不可勝數，可能是無邊無量。

而這只是初步，只是聖經密碼最粗陋的層面。

善與惡的深淵，超乎想像的心智

我們總把聖經當成經書，現在才知道這只是它的第一化身。此外，它還是電腦程式。它不僅是芮普斯鍵入電腦的那一本書，更是原初作者所設計的一套互動式的、變動不居的程式。

聖經密碼可能是依時示現的一系列啓示，每一種啓示都是爲不同時代的科技而設計的。它可能是我們現在還無法想像的資訊形態。就像電腦之於三千年前的沙漠遊牧民族難以想像，對現在的我們而言，聖經密碼還是玄妙難解的。

「幾乎可以肯定的是，它還有許多更深的層面，可惜我們的數學運算模式還不夠強，無法深入堂奧，」芮普斯說道。「它可能不太像字謎，反而是比較類似全像攝影。現在我們只是從兩次元的面向來看，也許我們應該從起碼三次元的面向來審視。可惜力有不逮，不知如何著手。」

另外，迄今還沒有人能解釋，這密碼是怎麼創出的。

凡是知道聖經密碼的科學家、數學家和物理學家都同意，今天最新型的超級電腦，包括五角大廈戰爭會議室所有的柯雷斯電腦（譯按：美國柯雷斯研究公司〔Crays Research Inc.〕在一九七六年發表柯雷斯一型超級電腦，八一年推出第二型；柯雷斯現已成爲超級電腦的代名詞）、IBM公司所有的主機，乃至當今世上所有的電腦加起來，都無法以三千年前密寫聖經的方式來編寫這麼一套密碼。

「我根本無法想像，有什麼辦法做到這一點，誰有此能耐，」芮普斯說。「那是一個超乎我們想像的心智。」

揭露聖經密碼的電腦程式，肯定不會是聖經可以接受的最後形式。它的第二化身可能早就存在，正等待你我發明可以讓它現身的機器。

「不過，就算我們知道怎麼找出密碼，可能也永遠無法完成解碼的工作，」芮普斯說。「就算在這個層面上，它涵藏的資訊可能已是無邊無量。」

現在還沒有人知道，我們每一個人和過去與未來的一切，是否都涵藏在仍屬未知的更高層次的聖經密碼裏，聖經是否確實是「生命冊」。不過，世界史中每一個重要人物和每一件大事，顯然都可以從已知的密碼層面上窺見。

第二次世界大戰的領導人物，如「羅斯福」、「邱吉爾」、「史達林」、「希特勒」，一應俱全；「美國」跟「革命」和「一七七六年」（「五五三六」）一起示現；「拿破崙」跟「法蘭西」密寫在一起，同時出現的還有「滑鐵盧」和「艾爾巴」；改變二十世紀面貌的「俄羅斯」共產黨「革命」，則和革命成功之年「一九一七」（「五六七八」）密寫在一起。

古今偉大藝術家和作家、發明家和科學家也都密寫在聖經裏。「荷馬」的身分是「希臘詩人」；有一則密碼序列預示了莎士比亞的名字和作爲：「莎士比亞」—「呈現於舞台」—「哈姆雷特」—「馬克白」。

「貝多芬」和「約翰·巴哈」雙雙密寫爲「德國作曲家」，「莫札特」的身分是「音樂」的「作曲家」，「林布蘭」和「荷蘭」跟「畫家」一起出現，「畢卡索」則稱爲「藝術家」。

現代科技每有重大發展無不如實記錄。如「萊特兄弟」跟「飛機」，「愛迪生」跟「電」和「燈泡」，「馬可尼」跟「無線電報」。

爲當代世人界定宇宙的兩位大科學家「牛頓」和「愛因斯坦」，各與他們的重大發現密寫在聖經裏。

詮釋太陽系力學，說明各行星如何藉引力而固定於一處的牛

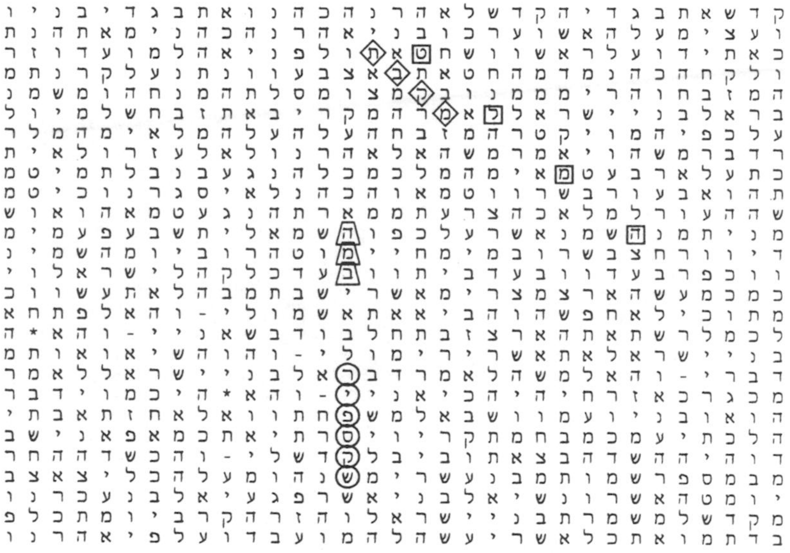

○ 莎士比亞　⏢ 呈現於舞台　◇ 馬克白　□ 哈姆雷特

○ 萊特兄弟 □ 飛機

○ 愛迪生 ◇ 電 □ 燈泡

○ 牛頓　□ 引力

○ 愛因斯坦　⬠ 預告一位聰明絶頂的人

◇ 科學　□ 嶄新而卓絶的知解

⏢ 他推翻現有的事實

頓，跟「引力」一起出現。不僅如此，連牛頓探求揭示未來之祕的密碼一事，也密寫在聖經裏。「聖經密碼」與「牛頓」一起出現。

「愛因斯坦」出現一次。同一地方也出現「預告一位聰明絕頂的人」，「科學」一詞則跟與他名字相交的「嶄新而卓絕的知解」重疊，在「愛因斯坦」暗文的上方還寫著「他推翻現有的事實」。

他的「相對論」也有記載。事實上，全面詮釋宇宙的「統一場理論」，愛因斯坦雖未能發現，可能也在三千年前就密寫於聖經裏。因爲，在他的名字再度跟「相對論」一起出現時，密碼中提出相同的線索：「加上第五部」。

很顯然的，愛因斯坦所追尋的答案不在我們的三次元空間，或第四次元的時間裏，而是在所有量子物理學家現已一致認爲其存在的第五次元裏。

「若干最古老的宗教經典也指出有第五次元，」芮普斯指出。「稱之爲善與惡的深淵。」莫非是天堂與地獄？這曾是世人關注的問題，如今眞正當它一回事的科學家和記者卻已是少之又少。不過，聖經密碼使我們不得不再度面對這個最大的問題。

人類並不孤單

聖經密碼是否可以證實確有上帝存在？

對芮普斯而言，答案是肯定的。「聖經密碼就是有力的科學證據，」這位數學家說道。可是，芮普斯尚未發現這個證據之前就已相信上帝了。

還有很多人也說，現在總算有了俗世的證據可以證明「祂」存在。但我仍只相信，沒有「人」可以用這種方式密寫聖經。

我們確實有了第一份科學證據，證明除了我們之外還有某種「心智」存在，至少在書寫聖經時是存在的。

我不知道那是不是上帝。我只知道，人類不可能在三千年前以密碼寫就聖經，而且能精確地預言未來。

如果拉賓遇刺、波斯灣戰爭和彗星撞木星一一密載於其中——事實確也是如此——那麼，這必然是出於跟我們大不相同的「心智」之手。

聖經密碼要我們接受的，正是聖經叫我們相信的——我們並不孤單。

然而，聖經密碼的存在不僅是爲了宣示有位寫碼者存在而已。以密碼寫成聖經，是爲了發布警訊。

〔02拉賓之後，核戰之前〕

拉賓的遇刺準確地應驗之後，聖經密碼指出另一個可能。

在密碼的排列裡，只有一個國家的首都與世界大戰

或核武浩劫相會——耶路撒冷。

時間在一九九六年或二〇〇〇年。

一九九六年一月二十七日，格達費發表公開聲明：

「飽受以色列威脅的阿拉伯國家，有權以各種手段購入核武。」

然而，一九九六這個數字其實也有另一個意思：你會改變它嗎？

舊約和新約的明文經本都預言，「終末戰爭」始於以色列，從攻擊聖城耶路撒冷發端，最後吞噬整個世界。

《啓示錄》裏是這樣說的：「撒旦必從監牢裏被釋放，出來要迷惑地上四方的列國，就是哥革和瑪各，叫他們聚集戰爭……他們圍住上帝子民的營，與蒙愛的城；就有火從天上下來，燒滅了他們。」

在聖經密碼裏，只有一個國家的首都與「世界大戰」或「核武浩劫」相會，那就是「耶路撒冷」。

在拉賓遇害那一天，我在聖經密碼裏找到「他的人民全在打仗」這幾個字。這則預言全面戰爭的警告，就暗藏在預言他遇刺的同一個密碼矩陣裏。

在暗藏「伊茲哈克．拉賓」的同一處，「他的人民全在打仗」在「刺客將行刺」的右上方出現。

我立即飛回以色列。

拉賓遇刺改變了一切。對我而言，這是聖經密碼第一次變得如此眞實，密碼的預示變成攸關生死的事實。而且，現在密碼提出了以色列舉國有難的警告。

以色列舉國哀悼拉賓之際，我跟伊利雅胡．芮普斯在他耶路撒冷郊外的寓所內，嘗試破解「他的人民全在打仗」這則新預言的內情。

芮普斯和我在聖經密碼裏找尋毀滅性衝突的預兆。這時，我們還沒找到「世界大戰」的

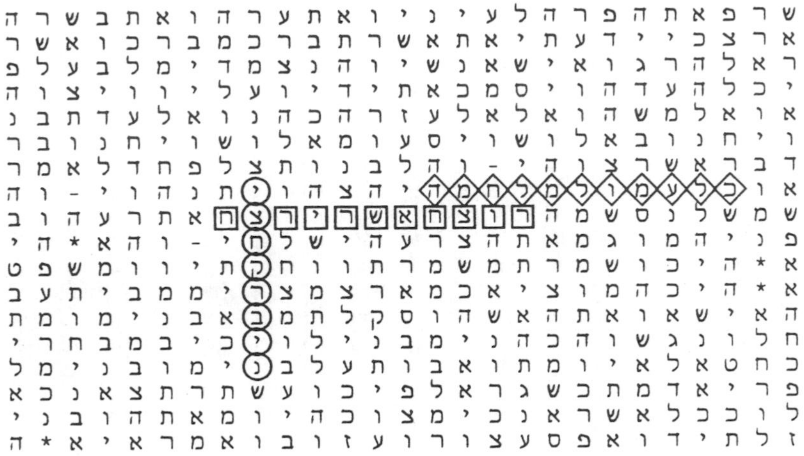

○ 伊茲哈克·拉賓　□ 刺客將行刺

◇ 他的人民全在打仗

○ 以色列浩劫　□ 5756／1995—96

字眼，不知道密碼預示了耶路撒冷將遭到核武攻擊。

不過，第一次在電腦裏搜尋時，我們的確找到了「以色列浩劫」幾個字。「浩劫」一詞在密碼裏出現一次，就在《創世記》經文中，大家長雅各開始告訴衆子，在「終末之日」以色列有何遭遇的地方。

「最重要的問題是什麼時候。」芮普斯說罷，立刻動手針對本世紀僅餘的五年一一查對。他陡然臉色一白，把查對結果交給我。

現年是猶太曆的五七五六年——約爲現代曆法的一九九五年底到九六年大部分時間——赫然在預言新「浩劫」的同一地方出現。

這張列印表極爲駭人。年份確實跟「以色列浩劫」交會，兩者嚴絲合縫。「五七五六年」正好就在密寫「浩劫」的經文上。

公元二〇〇〇年，即古猶太曆五七六〇年，也與「浩劫」相會。但在那一刻，本世紀最後一年似是十分遙遠的事。那是一九九五年十一月第二個星期，拉賓遇刺後沒幾天，對我們而言，最令人心驚的事實是，密碼明確記載著「浩劫」就在現年。

「或然率多少？」我問芮普斯。

「千分之一。」他答道。

「什麼東西可能在現代的以色列引發浩劫？」我問道。我們唯一能想到的是核武攻擊。

現在我們已發現，古代聖經經文裏赫然宣告當代危機——「核武浩劫」。

「核武浩劫」只出現一次。同一地方密寫著往後五年中的三年——一九九六、一九九七和二〇〇〇年。不過，再次引起我們注意的是現年「五七五六」。「在五七五六年」這幾個字，就在「核武浩劫」下方。

「偶然發生兩次的或然率是多少？」我問道。

「一千乘以一千。」芮普斯說。

這表示，從本世紀剩餘的這幾年以降，以色列年年都有危機徵兆。如果聖經密碼所言不虛，至少在這五年內，以色列是處於空前危機中。

除一九九六年外，年份和「核武浩劫」明顯密寫在一起的，只有廣島挨原子彈的一九四五這一年。

我們再看與宣告拉賓遇刺一同出現

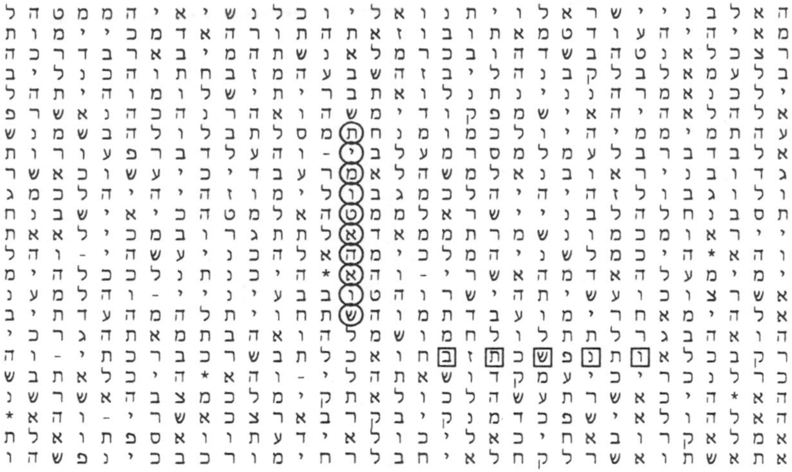

○ 核武浩劫　□ 在5756／1995—96

的「他的人民全在打仗」這句話，但見相同的「他的人民全在打仗」這幾個字，也跟「核武浩劫」密寫在一起。事實上，這幾個字在明文出現了三次，而在密碼中則兩度與「核武浩劫」相連。

芮普斯再次計算或然率，同樣至少是千分之一的機率。

我問芮普斯，危機預言中的每一成分，如戰爭、浩劫、核武攻擊，以如此高的或然率寫成密碼的可能性有多少。「我們無法計算，」芮普斯說。「但應該是幾百萬分之一。」

你可能可以改變它

聖經密碼似在預言一起全國滅亡的新浩劫。若是中東爆發核戰，幾乎可以肯定會引發全球衝突，甚或世界大戰。

事件一如預言般確實發生，已經有一位總理死了，我不能只是坐在那裏，等著看下一個預言是否也會成眞。

我們擁有可以挽救拉賓性命的消息，卻沒能阻止他遇害。現在我們有了可以預防一場大戰的消息，但對我來說，這情況極爲詭異。我偶然知道了確能預示未來事件的聖經密碼，但我既不是宗教人士，也不信上帝。對我而言，這一切簡直是不可理解。

我當過《華盛頓郵報》和《華爾街日報》記者，曾經根據一萬份文件撰成一本書，已習於我們這個三次元世界的具體事實。我不是聖經學者，甚至連聖經和密碼的語言希伯來文也不懂，必須從頭學起。

但我發現了拉賓遇刺事件以密碼寫在聖經裏，而別人甚至不知有聖經密碼存在。只有芮普斯知道它還預言核武攻擊、另一場浩劫，乃至世界大戰，但他是數學家，不是記者，沒有跟政府領導人打交道的經驗。他原就不太願意提醒拉賓，現在也沒打算告訴新總理西蒙・裴瑞斯。

記者的本能告訴我，這則新危機預言不可能是眞的。所有阿拉伯國家的領袖都來參加拉賓喪禮，一九九五年底的中東和平比以前任何時候都更加穩固。

「他的人民全在打仗」，似是極緲遠的威脅。自從一九七三年以色列打敗埃及和敍利亞以來，中東一直沒有發生眞正的大戰；自一九九三年拉賓和阿拉法特握手言和，結束巴勒斯坦人抗暴運動之後，以色列便不曾發生國內暴動。近三年間沒有重大恐怖攻擊事件。自二次世界大戰後建立現代國家以來，以色列未曾如此承平。

「核武浩劫」斷不可能，「世界大戰」匪夷所思。然而，我原先也是只知道密碼記載拉賓會遇害，卻始終不相信他眞會喪命。現在拉賓死了。完全如預言所示，在始於公元一九九五年九月的猶太曆五七五六年，他遇害了。

我回頭再看了看電腦新輸出的內容。「下次大戰」出現一次。暗文中說「將在總理死後」，「伊茲哈克」和「拉賓」則密寫在同一段經文裏。

我現在可以確定聖經密碼的確預示未來，但我還是不知道是否每個預言都會成眞，也不

○ 下次大戰

□ 將在總理死後

◇ 伊茲哈克

知道未來是否可以改變。

我輾轉反側，正在琢磨如何跟西蒙・裴瑞斯聯絡、該怎麼跟他說的時候，陡然想到更重要的解答。

在希伯來文裏，每個字母同時也可當數字使用。日期和年月可以用字母書寫，聖經密碼就是採這種方式呈現。拼出現年五七五六的字母，同時也形成一道問題。

התשנו = 5756 = 你會改變它嗎？

代表「五七五六」這個數字的字母，不僅顯示預示中發生浩劫的年份，也清楚地對你我全體提出了一個挑戰——「你會改變它嗎？」

給以色列新總理的信

拉賓死後不到一星期，我發了一封信給以色列新總理裴瑞斯，提醒他密載於聖經中的新危機。

我給裴瑞斯的信是這樣寫的：

「聖經中暗藏密碼，在事發前一年就揭示拉賓遇害。」

「我所以寫信給你，是因爲聖經密碼指出以色列的新危機——『核武浩劫』。」

「有關以色列『核武浩劫』威脅的消息極爲詳盡，不但指出危機的來源，更預言時間就在這個猶太年五七五六年。」

「我認爲，這次危機可以避免。這不是宗教，解決之道純然是俗世的。」

裴瑞斯總理最初的反應是不信。十一月九日，工黨要員艾拉南·意沙以（Elhanan Yishai）把我的信交給裴瑞斯時，他是這麼跟他老朋友說的：「總是有星象家和算命師之流找上門來，這也是警訊，那也是警訊。」

拉賓遇害不到一星期，裴瑞斯無暇理會聖經密碼的預言。

總理新聞祕書依莉莎·戈林（Eliza Goren）同樣是抱著懷疑態度。拉賓中槍時她就站在他身旁，而且，她也看過一年前我預警刺殺的信件，但她仍然不相信聖經密碼會是眞的。

「這兒的人都很理性，邁可，」她說道。「況且，如今已是二十世紀了。」

前蘇聯的核武黑市

我是記者，不是算命師，不作興耍預言。我不希望自己成爲全世界到處飛，口中叫嚷著「注意三月十五日」的人。（譯按：此言典出莎士比亞名劇《凱撒大帝》中，預言凱撒遭暗殺的日期。）

我不知道在聖經密碼之外，在眞實的世界裏，「核武浩劫」危機是否確實存在。但專研核武恐怖活動的美國專家告訴我，此事大有可能。事實上，他們的說法是，迄今還沒發生核武浩劫已是近乎奇蹟了。前蘇聯如今已大開方便之門，激進阿拉伯國家是最可能的買主，而以色列則是明顯的標的。

「從未有一個帝國瓦解時擁有三萬枚核武、四萬噸化學武器、數噸裂解物，以及數萬名知道怎麼製造武器，卻不知怎麼討生活的科學家和技術人員。」美國參院一份有關蘇聯黑市的報告如此說道。

有位調查莫曼斯克（Murmansk）核子潛艇基地濃縮鈾失竊事件的俄羅斯官員，說得更直截了當：「連馬鈴薯的防護都要周全多了。」

我用不著向這些專家討教也知道，這危機是眞實的。一九九一年九月，反戈巴契夫流產政變之後幾個星期，蘇聯似乎會在一夕之間瓦解的時刻，我就在莫斯科，親眼見到一切都可以拋售的光景。

我還記得跟一批俄羅斯軍方科學家見面的情形，包括若干最頂尖的核武專家在內，沒有一位買得起像樣的襯衫，他們的袖口和領子都已破舊磨損。當時在場的一位曾經設計蘇聯主要飛彈系統的資深科學家，把我拉到一旁向我兜售這套系統。很顯然的，阿拉伯恐怖分子要買顆核子彈輕而易舉。

聖經密碼所指出的危機有可能是眞的，但我既無法證實，也無法防止。

返回美國幾天後，我終於跟以色列情報單位副首長雅各・阿米德洛（Jacob Amidror）將軍聯絡上。我原以爲他跟裴瑞斯一樣，會把聖經密碼斥爲無稽之談。當時以色列政府高層都是些桀驁的俗世主義者，其中又以軍方和情報單位官員爲最。

所以，我率先向阿米德洛將軍保證，這是攸關情報的大事，並不是什麼信仰方面的事。「我不是虔信教徒，」我告訴他。「我是調查採訪記者。在我看來，聖經密碼是資訊，不是宗教。」

「你怎麼可以這麼說？」阿米德洛答道。「既是三千年前密寫在聖經裏，你怎麼說這不是出於上帝？」

原來阿米德洛是虔信人士，不但相信聖經密碼是眞的，更把它視同上帝話語。在幾乎全是俗世主義者的以色列高層情報官員裏，我聯絡上的正是一位不需我保證聖經密碼眞僞的人。

不過，阿米德洛也說，他在現實世界裏找不到有預言中的危機的跡象。「若是眞有危機，必是來自其他世界，」他說。「若是如此，我們所能做的唯有禱告而已。」

主必帶來遠方的國對付你們

一九九六年新年剛過，裴瑞斯的首席軍事顧問丹尼・雅托姆（Danny Yatom）將軍到紐約來找我。「總理看過你的來信，也看過你給拉賓的信，」雅托姆說。「他想跟你見個面。」

我飛回以色列，回去跟伊利雅胡・芮普斯一起研究，準備面見裴瑞斯時的報告內容。

我們重新查對所有的運算。芮普斯把「以色列浩劫」和「五七五六」猶太年鍵入電腦；兩者符合，而或然率是千分之一。他再鍵入「核武浩劫」和同一年份，兩者再度符合，但或然率爲九千八百比一，比千分之一高出許多。

誰會對以色列發動核武攻擊？誰是敵人？跟「核武浩劫」相交的是「來自利比亞」，且「利比亞」在同一矩陣表中又出現了兩次。

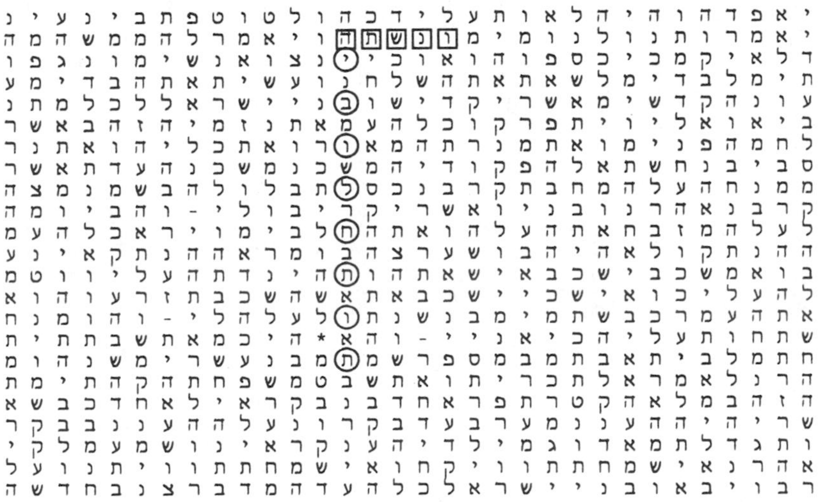

○ 利比亞大砲　□ 5756／1996

利比亞領袖的名字「格達費」，密寫在聖經最後一卷，經文上說：「主必帶來遠方的國對付你們，猶如蒼鷹下掠」。

「利比亞大砲」也記載在密碼裏，而且同樣是跟現年「五七五六」一起。武器和年份相配的或然率起碼也是千分之一。

聖經密碼中不僅有「核武砲手」，連正確地點似乎也指出來了。「毘斯迦山」(the Pisgah)位於約旦境內，即當年摩西登高遠望應許之地的同一座山。

我查對聖經明文，但見最初提到毘斯迦山的地方，也以幾乎是公開聲明的方式提到，「此地暗藏武器」。

三千年前寫成的舊約，居然揭示即將用來對付以色列的核武地點，簡直讓人難以置信。然而，如果危機是眞的，如果「以色列浩劫」、「核武浩劫」迫在眉睫，聖經進一步指出發射核武的地點應是極爲合理的。

如果聖經裏眞有密碼，如果它眞的預告未來，那麼，聖經之地可能被抹消、聖經之民可能被消滅的時刻，當然就是這個必須以最明確方式密載，乃至記述在明文中的重大警訊。

「所有信息的安排極爲一致，」芮普斯說。「顯然是刻意的。」

芮普斯確定密碼中確實記載了核武攻擊，而且在數學上已經超越了或然率。但他對我跟裴瑞斯見面之事，仍有些焦躁不安。

「也許萬能的主守護著未來，以免落入祂意想之外的人眼中。」芮普斯說道。

會見裴瑞斯

一九九六年一月二十六日，我到位於耶路撒冷的總理辦公室拜會西蒙・裴瑞斯，提醒他密碼中預言的核武攻擊。

在這次會面中，總理只問一個問題：「若眞如預言，我們該怎麼辦？」

「這是警訊，不是預言，」我答道。我告訴他，我認為聖經密載的只是可能性，世上沒有什麼是命中註定的。「結果如何，端視我們的作為而定。」我說。

我把兩份聖經密碼列印表交給裴瑞斯，一份顯示「以色列浩劫」和希伯來年五七五六，另一份出現的字眼是「核武浩劫」，同樣與現年交會。我告訴他，這種情況發生的機率起碼是千分之一。

裴瑞斯打斷我，說道：「千分之一？」

沒有人敢說事情實際發生的機率到底有多少，我解釋道。還沒有人對聖經密碼有這麼深入的了解。但在密碼中，這危機跟一九九六年能兩度契合的或然率起碼是千分之一，從數學觀點來說，這已超越或然率的程度了。

「若是聖經密碼所言不假，本世紀剩下的往後這五年，以色列將有大難，」我告訴總理。「但今年可能是關鍵。」

危機看樣子是來自利比亞。我請裴瑞斯看「利比亞」跟「核武浩劫」相交的密碼。

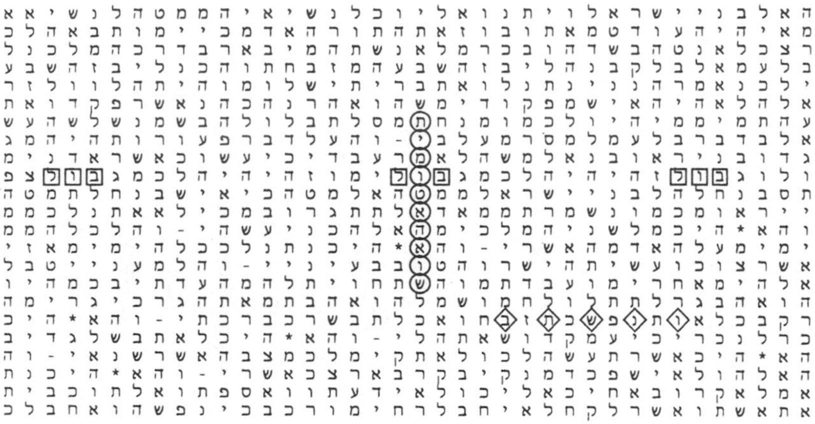

○ 核武浩劫　　□ 利比亞　　◇ 在5756／1996

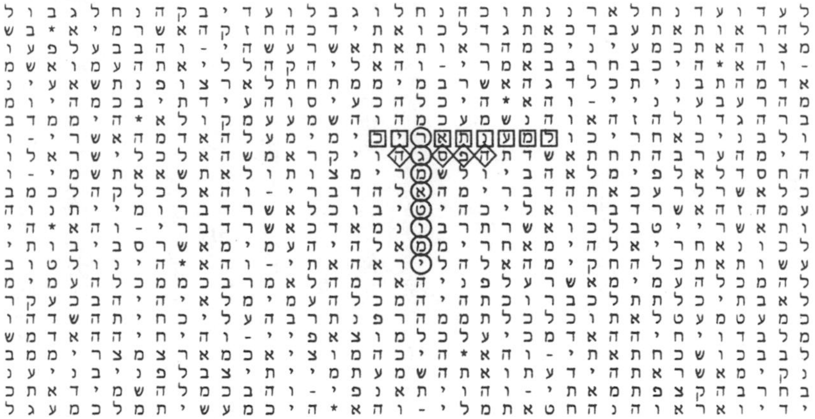

○ 核武砲手　　◇ 毘斯迦山

□ 你們可以永遠在（你們的土地）＝地點，日期

「我不曉得這是表示攻擊來自利比亞，還是來自利比亞所支持的恐怖分子，」我說。「我個人的猜想是，格達費向前蘇聯共和國購買核武裝置，而由那一票恐怖分子拿來對付以色列。」

裴瑞斯默默地把我的話全聽在耳中。

很顯然的，他非但已仔細讀過我給他的信，更沒忘記我在刺殺事件前一年寫給拉賓的信。他沒有針對聖經密碼問什麼高深的哲學問題，絕口不提上帝，也不問他自己的名字是否密載在內——在拉賓遇害後，這應是很自然的問題。他唯一掛心的是預言中的以色列危機。關於核武攻擊威脅，他似是不以為異。裴瑞斯曾在最高機密的地摩納（Dimona）軍事基地負責以色列自製核武事務，深知核武裝置可以輕易改裝供恐怖分子使用。

「我不曉得以色列是否真的面臨真實的危機，」我在告辭前告訴總理。「我只知道這事密載在聖經裏。」

在毘斯迦山頭，俯瞰死海

次日，一九九六年一月二十七日，利比亞領袖格達費發表少見的公開聲明，呼籲所有阿拉伯國家取得核武。

「飽受以色列威脅的阿拉伯國家，有權以各種手段購入核武，」他說。

格達費發表聲明的時候，我正在約旦尼伯（Mount Nebo）山頂，也就是摩西登高遠望應許之地的毗斯迦山最高峰。這座俯瞰死海的山脈，正是聖經密碼中指明為發動核武攻擊的地點。

聖經密碼形同公開聲明，武器就在此地：「昆斯迦山坡下」跟「核武砲手」相交。而在這個訊息正上方的一行文字，就像地圖上的X記號。這兒，聖經原文是這麼說的：「可以永遠在你們的土地上居住。」這段經文跟「核武砲手」和「核武浩劫」相交，顯得甚是奇突。

這似乎透露核武攻擊有防範之望。這一段經文的暗文同時指點預防之道。在希伯來文中，拼出「你們可以永遠在」這幾個字的字母，同樣也拼出「地點」和「日期」。地點很明確，就在約旦的昆斯迦山脈，因爲這個核武位置就出現在「地點」的正下方。但我們找不到日期。我們知道地點，卻不知時間。儘管如此，我還是在會見裴瑞斯之後的次日前往一探，而就在我兀立山頭的時候，格達費發表恐嚇聲明。

「昆斯迦山坡下」有約莫三哩長的荒山和旱谷，任何一處都可以隱藏砲具或飛彈發射器。美國反恐怖專家曾跟我說，一名壯漢便可用背包攜帶一枚核子砲彈，兩人更是輕而易舉。而前蘇聯境內有數千枚核砲彈流散，每一枚都足以毀滅一座城市。

我站在可能是當年摩西所站立之處，遙望死海，但見以色列在海的彼端一覽無遺，心知利比亞恐怖分子可能就在這周圍荒山旱谷中，準備對特拉維夫或耶路撒冷發動核彈攻擊。

這只是危機的開端

一天後，我回耶路撒冷去見安排我跟裴瑞斯見面，而且即將出任舉世知名的以色列情報機關「穆薩德」（Mossad）首長的丹尼·雅托姆將軍。

雅托姆甫在華府跟敍利亞和談無成，雖是剛返國，卻已跟裴瑞斯談過我們見面的情形。

「他是否正視此事？」我問雅托姆。

「他已跟你見過面，」將軍答道。

我們針對聖經密載的「核武浩劫」危機，做進一步的討論。雅托姆希望能知道地點和時間。我告訴他聖經密碼顯示了哪些跡象，但補充說道：「地點和時間也許都只是可能性。我們有可能每一個細節都誤讀了，但對這個危機本身的存在應該不會有所誤解。」

雅托姆問我的問題跟裴瑞斯毫無二致：「若眞如預言，我們該怎麼辦？」

「你不可能阻止彗星撞擊木星，」我說。「但你絕對可以阻止利比亞攻擊以色列。」

三天後，裴瑞斯在耶路撒冷發表演說時，首次公開提及當世最大的危機在於核武「落入不負責任的國家手中，扛在狂熱分子肩上」。

這顯然是在重申聖經密碼的警告——格達費會購入核武裝置，而利比亞所支持的恐怖分子會拿它來對付以色列。

不過，若聖經密碼無誤，那麼，裴瑞斯就錯了。這還不是當世最大的危機。

「如果密碼所言眞有其事，」我告訴雅托姆將軍：「則危機方興未艾。這只是開端，不是結局。」

03 他的人民全在打仗

早在中東和平來臨的氣氛中，密碼就指出凶兆。

早在大家都認爲裴瑞斯可以繼承拉賓時，密碼就指出納坦雅胡將勝利。

接下來，不但汽車炸彈出現在密碼中，連雅法街的名稱也沒漏掉。

「他的人民全在打仗」……

一九九六年二月二十五日，星期天早上，以色列遭受近三年來最嚴重的恐怖攻擊。有一名巴勒斯坦自殺炸彈客，在耶路撒冷交通尖峰時刻炸毀一輛公車，造成二十三人死亡。

在往後九天裏，耶路撒冷和特拉維夫再傳兩起恐怖爆破事件，使死亡人數增至六十一人，不僅粉碎了中東和平，更使以色列再度陷入戰爭狀態中。

從拉賓過世那天起，我就知道恐怖浪潮將興。因爲，在「刺客將行刺」的上方就是第二則預言：「他的人民全在打仗」。

這幾個字在聖經密碼裏又出現了兩次，兩次都跟日期在一起：「阿達爾月第五日起，他的人民全在打仗」。猶太曆阿達爾月第五日，跟公元一九九六年二月二十五日是同一天。

聖經密碼指出的凶兆——「他的人民全在打仗」，就在聖經密碼預言的這一天應驗。

一如拉賓遇害時，我再次震驚莫名。不過，爆炸事件雖使我震驚，其實還比不上這證明聖經密碼眞實不虛的新證據所造成的震撼。

四個月前，以色列承平無事時，甚至在阿拉伯世界領袖都來參加拉賓葬禮，和平似是安穩無虞之際，聖經密碼已經預言，二月底之前，以色列將會風聲鶴唳。

一個月前我拜會裴瑞斯總理時，這預言仍似萬不可能，因此我不敢告訴他，以免壞了我要提醒他「核武浩劫」的可靠性。

而今，就在三千年前聖經所預言的這一天，戰端已啓，連裴瑞斯自己也宣稱，以色列正處於「名副其實的爭戰裏」。

聖經密碼的正確性雖因此獲得證實，卻是令人不寒而慄，何況三起自殺攻擊都一一詳載。

不僅「汽車」、「耶路撒冷」和「爆炸」一起出現，連巴勒斯坦恐怖分子連著兩個星期炸毀公車的街道名稱「雅法街」，也密寫於聖經中。事發的年月「五七五六，阿達爾月」，也就是相當於公元一九九六年二至三月間的這段時間，就跟攻擊的正確地點，以及「恐怖」一詞密寫在一起。

事實上，在密載「汽車」一詞的聖經暗文裏，就對這起拂曉攻擊有極完整的描述：「火、大嘈雜，他們起個大早，他們搭車，將有驚恐不測。」

一九九六年三月四日發生於特拉維夫市中心這一起自殺爆破恐怖攻擊事件，也詳載於聖經密碼中。

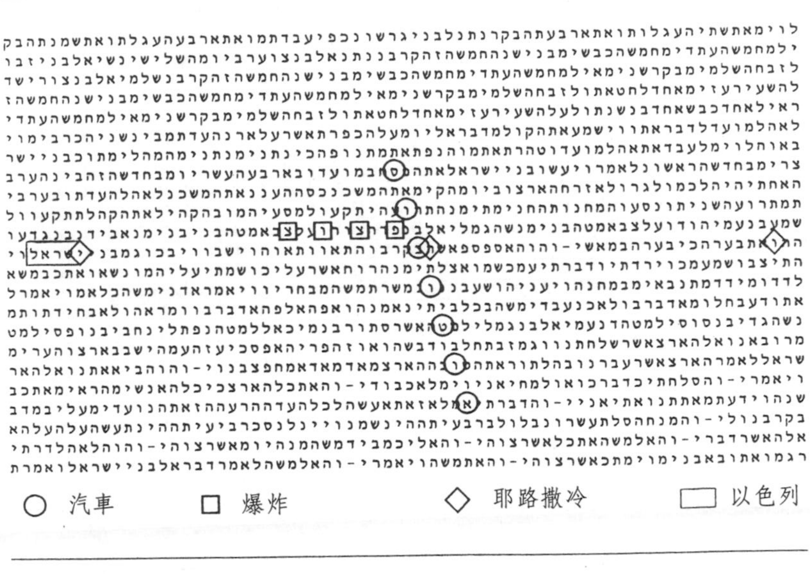

「迪眞戈夫」購物中心的名字和「特拉維夫」、「恐怖分子」一起出現，「恐怖分子爆破」也和「特拉維夫」密寫在一起。在聖經裏，攻擊事件幕後的恐怖團體名稱，與他們所使用的武器密寫在一起——「哈瑪斯炸彈」，而跟這句話相交的就是「五七五六」。

耶路撒冷和特拉維夫屠殺事件後，屍骨橫飛的恐怖景象每日出現，不僅使以色列分裂爲二，阿拉伯人和猶太人分道揚鑣，也使原似十分篤定的中東和局陡然以血腥結局收場。扭曲的車體和屍骨不全的影像，取代了當年阿拉法特和已遇害身亡的拉賓名噪一時的握手言和影像。

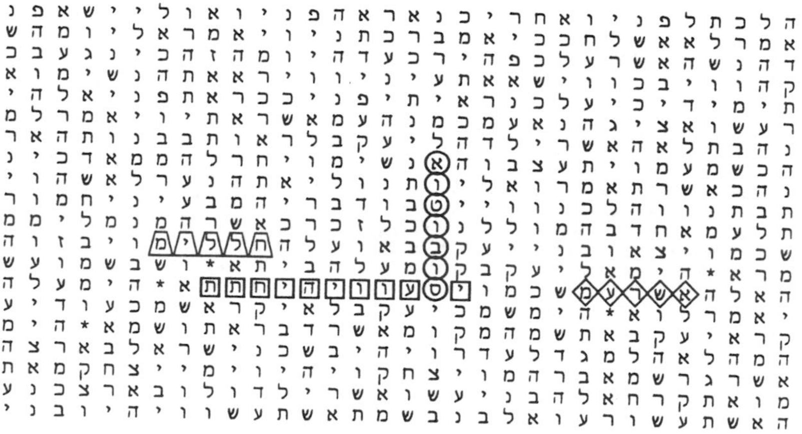

○ 汽車　◇ 火、大嘈雜　⏢ 屍體

□ 他們搭車，將有驚恐不測

戰爭的陰影襲來

拉賓遇害時，我只是對他的死和聖經密碼的眞實性感到震驚，爆炸案就在預言當大開始，震驚更大。因爲，我已經知道密碼中還預言「核武浩劫」、「以色列浩劫」、「世界大戰」。「他的人民全在打仗」的凶兆，就跟拉賓遇刺的預言密寫在一起。精確預測另一波恐怖浪潮的警告，同時也預言另一樁更重大的危機。在聖經密碼中，「他的人民全在打仗」這些字眼，兩次出現都跟「核武浩劫」密寫一起。

一九九六年四月，在裴瑞斯總理會晤柯林頓總統之後，我再次到以色列駐華府大使館見雅托姆將軍。

甫奉派出任以色列祕密情報機關「穆薩德」首長的雅托姆，從某外交招待會出來跟我見面。

我們倆站在大使館門外，跟庭院裏那些名流貴客隔了一段距離，使館四周有大批警察、配備夜視鏡的特勤人員和帶著警犬的以色列安全人員。

我交給雅托姆一張古代以色列地圖，圖上標出當年摩西站在約旦眺望「應許之地」的山頭。

「若要對以色列展開核武攻擊，這是最可能的發動區，」我告訴他。雅托姆拆開信封。

「如果這危機不假，可能已迫在眉睫，」我說。「密碼中指出，五月六日，夜間。」

其實，這時我們還沒能找到明確記載的日期。密碼中雖指出「五月六日」，但拼出這個日期的希伯來文字母組合，在聖經密碼出現太頻繁，所以意義並不明確。若就數學概率來說，這已是毫無意義。

不過，這是僅有的一個顯而易見的日期，而且距現在只剩一個星期。

「我不曉得這個日期是否有任何實質意義，」我告訴雅托姆。「但鑑於聖經密碼確實預言第一起汽車爆炸案的日期，你可能只有一個星期的時間查證。」

五月六日轉眼即至，平安無事。雅托姆沒找到核武，以色列也沒遭到攻擊。

然而，就在我對聖經密碼起疑竇的時候，它卻再次應驗了。

早在預言中的以色列大選結果

一九九六年五月二十九日以色列大選，從結果將看出以色列是否願維持拉賓和阿拉法特握手言和所定的和平。就在投票前一個星期，我找到聖經密碼所預言的選舉結果。

聖經舊約中密載著「納坦雅胡總理」，而「當選」一詞則與他的名字相交。在同段經文的同一行裏，還有他的小名「比比」。

我不相信會有這種事。納坦雅胡是公認的反和平計畫人士，而西蒙・裴瑞斯既是和平擘劃者，又是拉賓的當然繼承人，我確信，即使經過了一波恐怖炸彈的攻擊，以色列應不致於反其道而行。

○ 納坦雅胡總理　□ 當選　◇ 比比

不但我相信裴瑞斯會當選，所有民調莫不如此認爲，沒人料到納坦雅胡會當選。

投票前一天，我打電話給芮普斯，告訴他我發現聖經密載著「納坦雅胡總理」。發現「當選」跟他名字相交的則是芮普斯。就統計學而言，這或然率高於二百分之一，絕非偶然。

如果納坦雅胡果眞當選，聖經密碼似乎還預言他將不久人世。在聖經裏，「他必然會遇害」幾字，確實跟「納坦雅胡總理」相交。

在下一行經文裏，與他名字相交的是一句聖經對他英年早逝的警告：「他魂斷命喪」。這句話專指不滿五十歲而亡的人，而納坦雅胡已經四十六歲。

有關他死亡的預言，不像拉賓那麼淸楚。「死亡」跟他名字相交的或然率是百分之一，拉賓遇刺的或然率則是三千分之一。

不過，在預言納坦雅胡當選的這張表裏，倒是處處看見死亡。「遇害」出現兩次。此外，密碼預言似乎說他可能死於戰爭中。預言他死亡的整段經文說道：「他會在戰爭中魂斷命喪」。

我自已在投票日前一天所做的筆記上說：「如果單憑聖經密碼來看，我必須說，納坦雅胡若當選，將撐不過任期。」

但我一點也不擔心。我不信這次聖經密碼又會應驗，不信納坦雅胡會死。我確信納坦雅胡不可能當選。

一九九六年五月二十九日，班哲明・納坦雅胡一如聖經密碼所預言，當選以色列總理。兩人得票率爲百分之五十點四對四十九點六，可謂勢均力敵，是以選舉結果一直到投票日兩天後才塵埃落定。這次旗鼓相當的選舉，最後是由不在籍投票決定成敗。

而這結果卻早已密載於三千年前的聖經裏。

白宮、巴勒斯坦解放組織、民調專家和以色列新聞界，無不驚詫莫名。沒有人料到納坦雅胡會當選。我跟大伙兒一樣，大選夜早早就上床睡覺，心想裴瑞斯贏定了，詎料一覺醒來，赫然發現納坦雅胡已是新總理。

我又一次大感震驚。我當時的驚惶感受，與知悉拉賓遇刺，知悉恐怖攻擊在預言之日開始，毫無二致。我吃驚的不是納坦雅胡擊敗裴瑞斯，而是三千年前已經預見今天的結果。

聖經密碼再次應驗，而我又料錯了。聖經密碼可不是證實我個人的直覺，或預言顯而易見的事，它卻是一再地於事前即揭露沒有人會料到的事。

「核武浩劫」的威脅，陡然又變得十分眞實。

這不單是由於聖經密碼再次應驗，更由於「納坦雅胡」就與一連串事件如拉賓遇刺、核武攻擊等密寫在一起。

情形就像拼圖塊慢慢地湊起來，形成一幅恐怖的圖像。

務請防患於未然

「納坦雅胡」正在「伊茲哈克·拉賓」和刺客「艾米爾」之間。而就在我發現拉賓遇刺日的正上方，則是「他的人民全在打仗」。

現在我才發現，與「艾米爾」相交的正是「他使國家改觀，令他們變壞」這幾個字。言下之意，彷彿是這位瘋狂槍

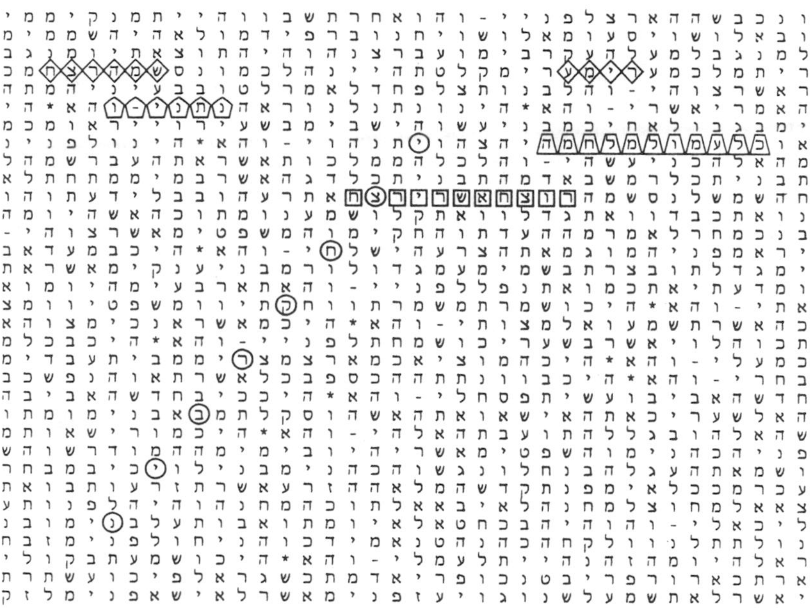

○ 依茲哈克·拉賓　◇ 艾米爾／刺客的名字　⬠ 納坦雅胡

□ 刺客將行刺　⏢ 他的人民全在打仗

手，讓現在領導「全民戰爭」的納坦雅胡取代謀和者拉賓。

而跟「納坦雅胡」一起的，則是「大恐怖，納坦雅胡」。這幾個字揭示了一起唯有聖經才能顯示其恐怖程度的事件。這些字再次與他當選的預言一起出現時，則是唯一密載「納坦雅胡總理」的一次。

同樣「大恐怖，納坦雅胡」這幾個字第三次出現時，與「核武浩劫」密寫在一起。

新總理發表勝利演說後一天，我打電話到耶路撒冷找他父親。

班・錫安・納坦雅胡是他兒子最親近的顧問之一，也是淵遠流長的錫安主義名門的長老，當年他父親在抵達以色列時把族姓改成納坦雅胡，在希伯來文中即是「上帝所賜」的意思。納坦雅胡教授是宗教裁判史學者，所研究的是自古以來猶太人受攻擊，終而導致希特勒大屠殺的緣由。

比比每星期六跟他見面，但這次班・錫安・納坦雅胡在星期五早上接到我的信後，迫不及待在當天就把信轉給總理。我在信上是這麼說的：

「我請令尊轉交這封信，是因爲我得到可能危及以色列的消息，是閣下必須親自了解才能因應的。這消息是由聖經中暗藏的密碼所揭露，而這密碼預言聖經成書後數千年間的大事，言無不中。

「密碼中預言拉賓遇刺、恐怖爆破行動將在今年開始的正確日期，也預言閣下當選。而今，它提出『核武浩劫』警告。我只知道聖經裏密寫著以色列有險，至於危機是否確實則不得而知。

「我所以正視此事，實因它預言拉賓會在五七五六年身亡，恐怖分子會在二月二十五日發動攻擊，而閣下則會成爲總理，俱一一詳載。若『核武浩劫』的危機也不假，則防患未然的時間可能不多。我們已發現一則可能揭示了日期的新情報。」

我們終於找到以色列可能遭受攻擊的日期——希伯來年五七五六年最後一天，亦即公元一九九六年九月十三日。

「以色列浩劫」跟「厄路耳月二十九日」相交——古猶太曆這個日期相當於九月十三日。「核武」也跟「厄路耳月二十九日」相交。

這一天，距拉賓和阿拉法特在白宮草坪握手言和恰恰是三年。若說一九九三年九月十三日是阿拉伯人和以色列人歷經四千年衝突後和平的開端，那麼，一九九六年九月十三日則可能是這場無盡戰爭最後恐怖的一擊。

在「核武浩劫」預言日期前六個星期，我飛回以色列時仍未安排和新總理見面。到了以色列，我先去拜訪芮普斯。總理的父親已經打過電話給芮普斯，這時，他就當著我的面回電話給總理的父親。

芮普斯告訴他，聖經密碼確實出現以色列面臨核武攻擊的字句。他說，它清楚地密載著，或然率極高，但他也表示，沒有人知道是否眞有危機。

「聖經裏確有密碼，」芮普斯說。「但我們不知道它是否一直料事如神。」

「『核武浩劫』和『以色列浩劫』這幾個字，確實與今年的年份一起出現。」他補充道。「但沒有人知道這危機是否已迫在眉睫或不可避免，或者根本就沒有危機。」

「可以肯定的是，」芮普斯告訴總理的父親，「指出這項危機的話語是別有深意而密載下來的。」

「他要跟你見個面，」芮普斯掛了電話後對我說。「他極爲驚訝，但也表示願跟你見個面。」

不靠上帝的人

「如果這是眞的，我可得信上帝了，不單是上帝，而是以色列的上帝，當個虔信人士。」我一進客廳，老納坦雅胡便這麼說。

這話出自二次世界大戰後不靠上帝，而是憑著槍砲創建新國家的俗世錫安主義猶太人，可說是非同小可。我告訴他，我不信上帝，也不是什麼虔信人士。

「何出此言？」納坦雅胡質問道。「這不是人力所爲，必然是出自超自然力量。如果聖經裏眞有密碼，那就是說，密碼已存在了二千或三千年且能揭示今日的大事。如果這是眞的，必然有上帝。」

他沒有稍歇，接著問道：「我說，你要見我所爲何來？」

「因爲聖經密碼說，以色列正面臨空前的危機，我認爲以色列總理應當要知道這事。」我說。

我把列印出來的聖經密碼表列拿給他看：拉賓遇刺的預言，他兒子當選的預言，兩則「以色列大難」與一則「核武災難」的預言。

「如果這眞的是以密碼寫就的預言，寫碼的必是超自然的存在體，而且演進程度比我們人類進步許多。我們比起來是微不足道的。我們該如何制止這危機？」他問。

老納坦雅胡和芮普斯，以及所有我知道的人，都認定若密碼是眞的，必是由上帝寫下的。但我不這麼想。我相信，寫密碼的人必是良善的，希望能拯救人類，但他不是我們的造物主。寫碼者顯然不是全能的，否則他大可消弭危機，而非以密碼寫下警訊。

不過我只告訴老納坦雅胡，沒有一件事是預先決定了的，而是我們的作爲決定了事情的結果。

「我會告訴我兒子，我安排你們見個面。」他說。

我等候總理父親回音的時間裏，仔細端詳聖經密碼說以色列遭逢危險的段落。只出現一次的「下次戰爭」又引起我注意了。我第一次看見「下次戰爭」這密碼時，認爲它指的是拉賓遇刺與核武危機之間的關聯。

就在「下次戰爭」的正上方，聖經密碼說：「將在總理死後」。在同段文裏，也出現「拉賓」與「依茲哈克」。

可是現在我再看一次，我看見同一句話裏有另一個預言：「另一人會死」。

這話再次說明納坦雅胡總理很可能會面臨危險，而且這話把他亦將死的預言與「下次戰

○ 下次戰爭　□ 將在總理死後

◇ 另一人會死

爭」連在一起。

我回去見總理的父親，把上次與他見面時我忍住不說的事講與他知道：預言他兒子將當選的密碼文字，似乎也預言他將死於任內。

老納坦雅胡已經失去一個兒子。總理的兄長岳拿珊，領導一九七六年那次轟動一時的突襲恩特比(Entebbe)機場行動，在解救數百名人質時殉職，是以色列的民族英雄。

我本不想告訴老納坦雅胡，說他另一個兒子現在有難，但若說有誰能通報總理，無疑就是正在看我提出的聖經密碼新列印表的這位長者。

「納坦雅胡總理」密載於聖經一次，「當選」一詞與他的名字相交。「這是我們在令郎當選前發現的。」我說。

我交給他第二張列印表：「開羅」和「納坦雅胡總理」一起出現。這是他第一個外訪的阿拉伯國家首都。第三張列印表顯示「至安曼」一詞，再次在「納坦雅胡總理」同一地方出現。他已決定下週前往約旦首都訪問。

「前三個預言都已應驗，」我說。「因此，我們應該正視第四個預言。」

我交給總理的父親第四張表：「他必然會遇害」這幾個字，跟「納坦雅胡總理」相交。

看聖經密碼似是在劫難逃，但我仍以這只是有此可能，並不是已註定的事實，請老納坦雅胡寬心。

他要再看看拉賓遇刺的預言，端詳了好一會兒。然後，他再度表示會跟他兒子談談。

將至的大難可就是末日？

「我今晚跟我兒子見過面，」老納坦雅胡在我預定離開以色列的前一天告訴我。「他不打算見你。」

「比比爲人頂務實，很實在，不是神祕主義者，根本不相信這一套。」他父親說道。

這話跟我透過拉賓的友人提醒他預言中的暗殺消

○ 納坦雅胡總理　⏢ 他必然會遇害

□ 他將魂斷命喪　◇ 遇害

息時，拉賓這位朋友所說的「他不會相信的。他是宿命論者，根本不是什麼神祕主義者」等話語，如出一轍。

而今，拉賓已魂飛冥冥。

我飛回紐約時寄了最後一封信給納坦雅胡總理，他剛好在希伯來新年之前接到。我在信上是這麼說的：

「根據聖經密碼，往後四年，以色列將有大難，但今年可能是個關鍵，時間可能應就在猶太新年（Rosh Hashanah）前幾天。」

倒數計時已經開始。聖經密碼精確地預言所有民意調查都料錯的以色列大選結果，精確預言恐怖浪潮開始之日，精確預言拉賓喪命之年，再次證明它是眞實不虛的。

然而，預言中的浩劫之日一九九六年九月十三日逐漸逼近，新總理依舊置若罔聞。

時間距拉賓-阿拉法特握手言和正好三年，如今拉賓已如聖經密碼預言而逝，中東和平亦如預言般陷入僵局；和平擘畫者裴瑞斯，由反和平者納坦雅胡取而代之，完全如聖經密碼所料。

聖經密碼對「核武浩劫」之年五七五六所做的預言，言無不中。在這一年行將結束之際，我怎麼也忘不了，拼出這一年年份的希伯來字母，同時也拼出顯然是對你我而發的挑戰：「你會改變它嗎？」

這時，我赫然發覺，五七五六也跟「終末之日」密寫在一起。

04 封印之書

密碼告訴我們：十誡，「它是由電腦所造。」

但這種電腦，不是我們所能想像的。

它一分鐘的運算，等於今天超級電腦幾十億年的運算。

「你將保守每個人的命運，直到末後的日子……」

到底是有上帝存在，還是有一種慈悲爲懷的高等智慧的生命？

聖經天啓末日之說，見於舊約《但以理書》和新約《啓示錄》，都是預言空前的大恐怖將在祕密書卷開啓時完全揭露。

在《啓示錄》裏，它是由「七個封印」所密封，唯有彌賽亞能打開：「我看見寶座的右手中有書卷，裏外都寫著字，用七印封嚴了……在天上、地上、地底下，沒有能展開能觀看那書卷的。」

同則故事的原初版本見《但以理書》，天使向希伯來先知但以理揭示終極未來，然後告訴他：「可是，但以理啊，你不可洩露這些話，要把書卷封存起來，直到末後的日子。」

就是這兩段話引發牛頓往聖經裏搜尋密碼。

聖經五書預言「末日」四次。我查出來，第一次出現是雅各告訴他十二個兒子：「你們在末後日子的遭遇」。在同一處的聖經密碼裏出現「五七五六」。

「在五七五六」與「終末的日子」相交。猶太曆的這一年始於公元一九九五年九月，終於一九九六年九月，而一九九六後的十年，沒有哪一年與此相符。五七五六和「終末的日子」密寫在一起的或然率，是百分之一。

我不信天啓末日就從現在開始。

我查對第二則末日宣示：摩西告訴以色列人「這些事在終末的日子都會降臨到你們身上」，這段文字的密碼說的是拉賓遇刺。

我查對第三則預言。摩西臨終前對古代以色列人的最後談話中，再次警告「在末後的日

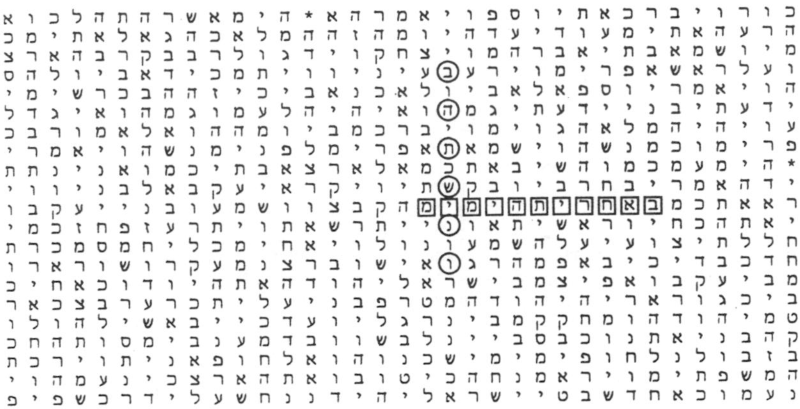

○ 在5756　□ 終末的日子

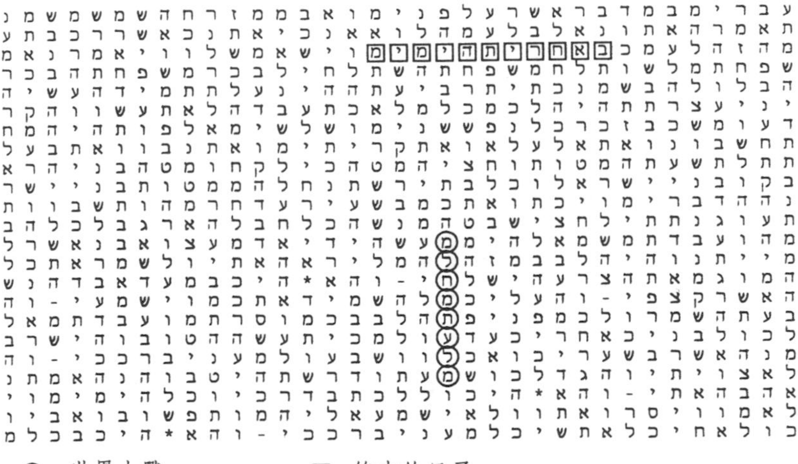

○ 世界大戰　□ 終末的日子

ו ה ו א י ש ב מ מ ל י ו ע ת ה ל כ ה נ א א ר ה ל י א ת ה ע מ
- ו ה ב מ ש ע ו ל ה כ ר מ י מ ג ד ר מ ז ה ו ג ד ר מ ז ה ו ת
ה ל י ב ז ה ש ב ע ה מ ז ב ח ת ו ה כ נ ל י ב ז ה ש ב ע ה פ ר
ל י ע ק ב ו ל י ש ר א ל מ ה פ ע ל א * ה נ ע מ כ ל ב י א י ק
ש ה ה ע מ ה ז ה ל ע מ כ ב א ח ר י ת ה י מ י מ ו י ש א מ ש ל
י נ ת נ ל ו א ת ב ר י ת י ש ל ו מ ו ה י ת ה ל ו ו ל ז ר ע ו
ה א ר ו ד י ל א ר א ל י מ ש פ ח ת ה א ר א ל י א ל ה מ ש פ ח
מ ש פ ח ת מ ו פ ק ד י ה מ ח מ ש ה ו א ר ב ע י מ א ל פ ו ש ש
י ש מ פ ק ו ד י מ ש ה ו א ה ר נ ה כ ה נ א ש ר פ ק ד ו א ת ב
פ נ י א ל ע ז ר ה כ ה נ ו ל פ נ י כ ל ה ע ד ה ו צ ו י ת ה א
מ ש ה ע ש ר י ו מ ל ח ד ש ה ז ה ח ג ש ב ע ת י מ י מ מ צ ו ת
ה י ו ל כ מ ו מ נ ח ת מ ס ל ת ב ל ו ל ה ב ש מ נ ש ל ש ה ע ש
ט ו ש ע י ר ח ט א ת א ח ד מ ל ב ד ע ל ת ה ת מ י ד מ נ ח ת ה
י ק ו מ ו א מ ה פ ר י פ ר א ת מ א י ש ה ב י ו מ ש מ ע ו כ ל
ל ע מ ל מ ס ר מ ע ל ב י - ו ה ע ל ד ב ר פ ע ו ר ו ת ה י ה מ
ש ב ע י מ ו ה ב ק ר ש ש ה ו ש ל ש י מ א ל פ ו מ כ ס מ ל י -
נ א ת ה א ר צ ה ז א ת ל ע ב ד י כ ל א ח ז ה א ל ת ע ב ר נ ו
ר א ו ב נ א ל מ ש ה ל א מ ר ע ב ד י כ י ע ש ו כ א ש ר א ד נ
מ ו מ צ ר י מ מ ק ב ר י מ א ת א ש ר ה כ ה י - ו ה ב ה מ כ ל
א ת ש נ ה ב מ ת ו ב ה ר ה ה ר ו י ש מ ע ה כ נ ע נ י מ ל כ ע
ו ל ז ה י ה י ה ל כ מ ג ב ו ל י מ ו ז ה י ה י ה ל כ מ ג ב ו
ש ר ת ת נ ו ל ל ו י מ מ ק י ר ה ע י ר ו ח ו צ ה א ל פ א מ ה
ה ד מ ע ל ה מ ש פ ט י מ ה א ל ה ו ה צ י ל ו ה ע ד ה א ת ה ר
ח ל ה ל ב נ י י ש ר א ל מ מ ט ה א ל מ ט ה כ י א י ש ב נ ח ל
א נ ש י מ ח כ מ י מ ו נ ב נ י מ ו י ד ע י מ ל ש ב ט י כ מ ו
כ מ כ כ ל א ש ר ע ש ה א ת כ מ ב מ צ ר י מ ל ע י נ י כ מ ו ב
א ו מ כ מ ו נ ש מ ר ת מ מ א ד א ל ת ת ג ר ו ב מ כ י ל א א ת
ח ת מ ק ו מ ו ס ע ו ו ע ב ר ו א ת נ ח ל א ר נ נ ר א ה נ ת ת
ל א ל ק ח נ ו מ א ת מ ש ש י מ ע י ר כ ל ח ב ל א ר ג ב מ מ ל
א * ה י כ מ ל ש נ י ה מ ל כ י מ ה א ל ה כ נ י ע ש ה י - ו ה
ד ב ר י מ א ש ר ר א ו ע י נ י כ ו פ נ י ס ו ר ו מ ל ב ב כ כ
ה ש ח ת מ ו ע ש י ת מ פ ס ל ת מ ו נ ת כ ל ו ע ש י ת מ ה ר ע
מ י מ ע ל ה א ד מ ה א ש ר י - ו ה א * ה י כ נ ת נ ל כ כ ל ה
ש מ ו ל ש ו א ש מ ו ר א ת י ו מ ה ש ב ת ל ק ד ש ו כ א ש ר צ
ל י כ מ ו א ת ה פ ה ע מ ד ע מ ד י ו א ד ב ר ה א ל י כ א ת כ
א ש ר צ ו כ ו ע ש י ת ה י ש ר ו ה ט ו ב ב ע י נ י י - ו ה ל
י ו ו ל ש מ ר י מ צ ו ת ו ל א ל פ ד ו ר ו מ ש ל מ ל ש נ א י
ו א כ ל ה מ צ ו ה א ש ר א נ כ י מ צ ו כ ה י ו מ ת ש מ ר ו נ
י א ל ה י מ א ח ר י מ ו ע ב ד ת מ ו ה ש ת ח ו י ת ל ה מ ה ע
א מ ר י - ו ה א ל י ל א מ ר ר א י ת י א ת ה ע מ ה ז ה ו ה נ
א מ ר י - ו ה א ל י פ ס ל ל כ ש נ י ל ו ח ת א ב נ י מ כ ר א
מ נ ה ו א ה ב ג ר ל ת ת ל ו ל ח מ ו ש מ ל ה ו א ה ב ת מ א ת
נ פ ש כ מ ו נ ת ת י מ ט ר א ר צ כ מ ב ע ת ו י ו ר ה ו מ ל ק

○ 核武浩劫　　□ 終末的日子

子，禍害必臨到你們」，也密寫了拉賓遇刺。

我查對第四則，神祕預言者巴蘭告訴以色列的宿敵說：「以色列人在末後的日子怎麼對付你的人民。」

他所見到的天啓末日異象，聽來太像眞實世界所發生的事，聞之令人心驚。它預告中東大戰、以色列和阿拉伯國家間未來的戰爭、恐怖衝突將使許多國家變成「永久廢墟」。

「我看見，但不是現在，」巴蘭在三千年前說道。「我見到，卻不在目前。」

在聖經密碼裏，「終末的日子」的預言與「核武戰爭」、「世界大戰」同組。

終極災禍之日已起

聖經裏還有一種預告「終末的日子」的方式：就在《但以理書》最後幾句話，天使拒絕告訴但以理將持續三年半之久的天啓末日細節之後的那幾句話。

「你走吧，但以理，這些話都要封閉起來，直到末後的日子，」天使說道。「到了末後的日子，你要起來得到你所應得的。」

我從聖經密碼裏查對這最後一種表達末日的方法，但見它也與一九九六同組。「在五七五六」和「終末的日子」一起出現的或然率，超過二百分之一。

我以電腦一一查對往後百餘年。下一世紀沒有別的年份跟這二種「終末的日子」預言同組。

聖經密碼明確指出，末日從現在開始——現代曆法一九九五年底至一九九六年末的這一年，就是預言中天啓末日的開端。

可是，聖經密碼並沒有說「終末的日子」何時結束。

我再查看《但以理書》說祕密書卷封存的地方。這段經文指出，「封印之書」將揭示世上未曾見過的大恐怖：「將有慘重災禍，是建國以來所未見的」。

看來聖經密碼確實是在警告終極災禍將臨。災禍何時開始，不得而知，但密碼確實指出將有第三次「世界大戰」、「核武浩劫」，一場眞正的終末決戰。

我查訪聖經密碼已有四年多，而我從一開始就知道，兩則主要的末日預言都說，當祕密書卷打開時便可完全揭曉。

但一直到這一刻我仍未領悟，聖經密碼

○ 終末的日子　◇ 在5756／1995-96

可能就是這祕密書卷。

不過，如果聖經密碼眞實不虛，它可能只有一個目的：提醒世人，空前危機將臨。若非如此，無法解釋爲什麼一本對於世人那麼重要的書裏，會隱藏著有三千年歷史的密碼。而且，這危機必然是落到我們身上，否則我們不會在這個時候發現聖經密碼。

寫下聖經密碼的，是某類可以洞澈未來的智慧生物。它知道危機何時會出現，於是設計了一套唯有這時才會出現的科技方能發現的密碼。

莫非聖經密碼就是「祕密書卷」？它的確是用一種惟有等到發明了電腦才能開啓的定時鎖所嚴封。

我們是否已打開了「封印之書」？現在眞的是末後的日子？

恐怖的拼圖

我不由想到芮普斯的提醒。他說，聖經密碼猶如一幅巨大的拼圖，應有數千片拼圖塊，而我們所掌握的只是寥寥數片，是以圖形雖已淸楚浮現，卻由於太大、太恐怖了，簡直讓人無法置信。

我飛回以色列，再到耶路撒冷找芮普斯。

我們一起查看聖經裏二則宣示「終末的日子」密寫在一起的地方，兩者都跟當年密載在一起。

「你相信這是眞的嗎?」我問芮普斯。

「我信,」他說得平靜。

「你可認爲聖經密碼就是『封印之書』?」我問道。

這位發現聖經密碼的數學家,也一直沒能意會,密碼可能就是預言中的「封印之書」,就是聖經自己所說將會在「終末的日子」開啓的最後啓示。

「很顯然的,如果密載中的危機是眞的,如果眞有『核武浩劫』,那麼,正好應驗了《但以理書》的預言。」芮普斯說道。

他打開聖經,朗誦那段著名的章句:「將有慘重災禍,是建國以來所未見的。」

芮普斯同意,祕密書卷是設計在現在開啓。「所以牛頓力有不逮,」芮普斯說。「它是封存到末後的日子,必須以電腦才能開啓。」

我告訴芮普斯,我不太相信眞有「末日」,更難相信末日就從現在開始。

「我相信古代解經家不會錯,」芮普斯說。「古論有云,彌賽亞降世前必有大災禍。」

我告訴芮普斯,我實在不大相信超自然救贖這一套。我相信,我們唯一能獲得的幫助就是聖經密碼。其實,我連這也不太相信。

我再查看「終末的日子」和「在五七五六」密寫在一起的地方。密碼列上還有另外兩個詞:刺殺拉賓的刺客「艾米爾」,以及「戰爭」。「艾米爾」和「終末的日子」以同樣的跳躍序出現,然後與刺殺事件發生的年份相交,而年份正下方出現「戰爭」。

○ 終末的日子　◇ 在5756／1995-96　□ 艾米爾　⬠ 戰爭

○ 終末的日子　□ 在終末的日子　⏢ 災禍　◇ 拯救！

「戰爭」何時發生並未言明，但很顯然地，它就是要在現在這時候出現。

「終末的日子」不再是傳言中在遙不可及的未來才發生的事。根據聖經密碼的說法，它已經開始了。千年來預言中的天啓末日，已於現時開展。

不過，密碼指出了「終末的日子」危機，也提出了避開之道。「災禍」出現之處，「和平」也出現，同時出現了一個既可讀成請求，也可理解成命令的「拯救！」。

芮普斯翻開聖經《但以理書》，指著一段接在「大艱難」預言之後的話：「你本國的民中，凡名錄在冊上的，必得拯救。」

「封印之書」已被開啓，它是爲了向我們提出終極末日的警告，才及時被開啓的嗎？

我不相信。

聖經密碼是對世人的警告

我從來不相信什麼啓示錄，什麼末日的。我始終認爲那只是沒有根據的話語，是一根各個宗教用來維持信徒乖乖待在隊伍裏的棒子。

歷史中，多少個預言世界毀滅的人說，他們在聖經預言裏看見，世界就要在他們所處的那個時代結束。他們讀《啓示錄》，讀《但以理書》，認爲描述的就是他們所處的時空。

昔日看護《死海書卷》的信徒，在兩千年前把聖經各卷藏在死海旁的山壁洞穴中，認定最後戰爭會降臨在他們身上。

早期的基督徒相信，《新約》明確地指出，「末日」會在他們有生之年降臨。基督豈不是警告：「這一世必須待這些事都發生方能渡過」嗎？

在往昔的每一個時代裏，總會有人挺身揚言，「末日」已至。例如在公元一〇〇〇年第一個千禧年時，例如每值戰亂和危機之際。他們總是引用聖經話語，總是自以爲已撥雲見日，看穿象徵的話語，能夠確知「末日」幾時會來臨。

他們總是一錯再錯。

但從沒有哪位嚴肅的科學家發現聖經裏有一套電腦密碼，而這密碼經過數學證明，且經每一位實際檢驗的科學家證實。

從沒有人發現可以正確預測現實世界實際事件的密碼，沒有人事先發現事件中人的名字和日期，沒有人發現那顆彗星的名字和它撞擊木星的日期；沒有人發現拉賓總理和刺客的名字，以及他遇害的年份；沒有人發現戰爭開始的正確日期。

聖經密碼不是普通的事。

寫下密碼的人是誰

如果聖經密碼是對這個世界的一種警告，那麼，它從何而來？誰能預見三千年後的大事，把未來景況以密碼寫在聖經裏？

聖經自己當然說是出於上帝之手，是祂在西奈山上口授摩西舊約五書：「主對摩西說，你上山到我這裏來，我要賜你寫著誡命律法的石板和五書。」

根據聖經的記載，這是一次驚心動魄的遇合。

黎明前寂靜漠地中，突然雷聲大作，轟隆電光照亮了黝黑的山頂，山頂射出巨焰，彷彿著了火；火光愈來愈亮，周圍廣袤的沙漠開始震動起來。

六十萬名男女老幼被山搖地動驚醒，急忙衝出帳外，心驚膽顫地望著山頂，但見整座山劇烈搖晃著，山頂火光衝天，好像燒著的大火窯一般。雷聲中響起號角，有一個人聞聲上前往西奈山而去。

突然，一個不知從何而來的聲音呼喚他：「摩西，你到山頂來。」

這是發生在公元前一二〇〇年的事。根據聖經記載，摩西在西奈山頂聽到我們所謂的「上帝」的聲音，而這個聲音告訴他十條律法，也就是規範西方文明的「十誡」，並口授一本我們稱之爲《聖經》的書。

不過，在這段經文中，當上帝說「好吧，我就跟你立約，我會在你的族人面前施行神蹟」時，經文的密碼說的卻是「電腦」這個字眼。

「電腦」這個字眼，在聖經明文裏出現六次，都隱藏在希伯來文「思想」這個字的背後。「電腦」這個時代錯置的字眼，有四次是出現在《出埃及記》描述造約櫃的地方，也就是名聲赫赫、裝有十誡石板的「失落的約櫃」。

密碼中暗示，連這兩塊寫著十條誡命的石板，也有可能是由電腦所造。《出埃及記》三十二章十六節說：「石板是上帝所造，誡命是上帝所寫，刻在石上。」但同一段經文密載一則暗藏的資訊：「它係由電腦所造」。

○ 它係由電腦所造

□ 上帝所寫誡命刻於石上

密碼上所說的工具想必遠超過我們所用的器物，不是我們已開發的任何工具所能望其項背。前不久，《紐約時報》報導說，「人類可能已準備再做大躍進，運用原子內的世界，創造出一種資訊處理方法，其運算能力強大無比，與一般電腦相較，猶如核能與柴火之差異。」《紐約時報》說，這「量子電腦」（quantum computer）每一分鐘的運算能力，現在最新型的超級電腦得花上幾十億年才做得完。

天文學家沙岡（Carl Sagan）曾指出，若宇宙間還有別的智慧生命存在，箇中當然會有些比我們進化得更早，比我們多出幾千、幾萬、甚至幾百萬、幾億年的光陰發展先進科技，而我們不過才剛起步而已。

「雙方各自在自己的星球上發展，經過幾十億年的進化之後，外星文明不可能還跟我們亦步亦趨。」沙岡寫道。

「人類已存在二十幾萬年，但我們有無線電不過才一百年左右，」沙岡寫道。「若是外星文明比我們落後，那麼，他們擁有無線電的時間可能落後我們許多，但若是比我們先進，就會超越我們很多。試想，我們這個世界的科技進展，不過是這幾百年的事；我們認爲很困難，甚至不可能的技術，在我們看來宛如神蹟，對他們而言可能是易如反掌。」

《二〇〇一年》一書的作者克拉克（Arthur C. Clarke）想像，在人類不斷進化的各個階段上，每當我們要邁向更高層次時，總會有一根神祕的黑柱一再出現；他也提出類似的觀察：「凡是重大的先進科技都無異於神蹟。」

聖經密碼所揭示的則是，在《舊約》神蹟背後，隱藏著先進科技。

密碼中稱這科技爲「電腦」，但這可能只是它用我們所能了解的語言而已。「歷史顯示，每一個時代都是運用當時最引人矚目的科技來隱喻宇宙或是上帝。」澳洲物理學家戴維斯（Paul Davis）在《上帝的心智》（*The Mind of God*）一書中說。

既然希伯來文表示「電腦」的字根，同時也有「思想」的涵意，那麼，電腦密碼揭示「神蹟」隱含的「電腦」一字，事實上可能是在揭示「心智」一詞。

但不是我們這樣的心智，更不是我們的電腦。

當摩西遇見「外星人」

各大宗教有個共通的信念，就是承認有個他界、非人類的智慧生命，亦即神的存在。如果說聖經密碼能證明什麼，那就是確有非人類的智慧生命存在，或者說，至少在寫下聖經的時候是存在的。沒有人能夠預見幾千年後的大事，而把今日世界的點點滴滴密寫在這本古文書裏。

我們都忘了，聖經是一本最著名的「第三類接觸」故事書，我們企盼與來自他界的生命接觸已有多時，殊不知在許久以前就發生過。

根據聖經記載，不知從何而來的聲音向亞伯拉罕說話是一次，這聲音從火光熊熊的樹叢中對摩西說話又是一次。

煞費心機尋找地球外智慧生命的科學家們說：「在地球上或地球附近發現外星物或訊息。」聖經密碼就是這一類的接觸。

物理學家戴維斯推論，「外星遺物」可能「設計成唯有地球文明達到一定的進化門檻時才會自行示現的形式」。這話用來形容聖經密碼可謂恰到好處。它有一道定時鎖，唯有發明電腦後才能解開。

戴維斯其他的見解也正是對聖經密碼的精確描寫：「屆時我們就可以直接探問，例如利用現代互動式的電腦終端機，立即建立某種對話。這種工具其實是外星史料儲存器，可能儲

○ 聖經密碼　□ 在上帝前封存

○ 電腦　□ 把這些話隱藏起來，封起這本書，直到末後的日子

存著大量重要的資訊。」

得過坦普敦（Templeton）科學暨宗教獎的戴維斯，想像「在月球或火星上偶見外星遺物」，或是「時機一到突然在地球表面發現」。

其實，我們一直擁有它，它就是這本全球最爲人所知的聖書，只不過我們一直沒有認淸它的廬山眞面目罷了。

摩西在西奈山頂所收到的，其實是我們現在還無法完全讀取的互動式資料庫。「上帝」口授摩西的聖經其實是電腦程式，先是刻在石板上，寫在羊皮卷上，然後編纂成書。但密碼稱之爲「古代電腦程式」。

現在，我們已經可以讀取這電腦程式，揭露有關我們過去與未來的眞相。

密寫在聖經裏的「聖經密碼」這幾個字，本身也有「他隱藏聖經」的意思，顯示在《舊約》明文裏所說的故事中，還密寫著另一本聖經。

這電腦密碼淸楚地證明，它就是「封印」，就是至今一直保護著的隱藏之祕。「在上帝前封存」確實與「聖經密碼」相交。

而且，「電腦」兩字就密寫在《但以理書》最後一章，天使吩咐但以理「把這些話隱藏起來，封起這本書，直到末後的日子」這段經文開頭的地方。

聖經密碼就是這本「封印之書」。

直接與未來連線

當然，預言並不是聖經密碼的專利。聖經裏，預言俯拾皆是，例如雅各告訴他十二個兒子他們在遙遠的未來的遭遇，摩西也向古代以色列人揭示兩種可能的未來。

其實，邁爾斯（Jack Miles）在他榮獲普立茲獎的上帝傳記中就說：「帶領人崇拜眞神的，是這國際層面的預言神蹟，不是戰場上的奇蹟。」

但這聖經密碼首次讓我們得以和未來直接連結，不必再仰賴見異象解夢境的先知，就可以藉由電腦讀取暗藏在聖經裏的古密碼。

其實，早就有兩則古代預言故事揭露聖經密碼的存在。聖經裏最著名的預言家是約瑟。他是雅各的兒子，被妒才的兄長合謀賣身爲奴後，憑著爲法老王解夢的本事，成爲埃及實際上的統治者。

只有約瑟知道，法老王夢見七頭肥母牛和七頭瘦母牛，是國家有大饑荒的預兆。他的預言使得埃及人免於饑荒之苦。

「像約瑟這樣被上帝靈光充滿的人，我們還能到那裏去找呢？」法老王問群臣，然後回頭對約瑟說道，「旣然上帝把夢的意思指示給你，國中沒有比你更睿智的人，因此我要派你統理萬民。」法老王立約瑟爲宰相攝政，並賜他新的名字「撒發那忒巴內亞」（Zaphenath-Paneah）。

所有的聖經譯本都以譯音方式書寫，甚至連原版希伯來文聖經也一直是如此處理這個名字。千餘年來，不少有識之士對“Zaphenath-Paneah”其名的意涵有種種推測。有人說，這是原以埃及象形文字書寫的名字，後譯爲希伯來文，有些學者推測，它是「揭祕人」之意，也有人認爲是「上帝說話，祂存在」的意思。

事實上，這名字在希伯來文裏的意思很明確：「解碼人」。既然沒有人知道聖經裏有密碼，想必也沒人見過這密碼。

因此，聖經稱約瑟爲「解碼人」，而另一種翻譯則暗示，是他創造這密碼等我們來發現：「約瑟寫碼，你將解碼」。

然而，約瑟不可能是寫聖經密碼的人。當時連聖經都還不存在，到「上帝」在西奈山口授摩西聖經時，約瑟已經死了好幾百年。

約瑟的名字在希伯來文裏是「將加入」的意思，因此，《創世記》四十四章十五節的暗文其實應該讀做「密碼將加入，你將解碼」。

《但以理書》也有一則看似古代預言，實際卻是揭露聖經密碼的存在。

在這裏，上帝同樣以揭示未來的方式，使地上最偉大的統治者巴比倫國王心生敬畏。祂預示古代諸國王的興起與衰微。

「你的上帝確實是萬神之神、萬王之王、奧祕的啓示者，因此祂能教你揭開這奧祕。」巴比倫國王對但以理說。

在希伯來文中，「奧祕的啓示者」這幾個字，同時也有「祕密書卷」的意思，全部的暗文是在說：「他揭示相當的奧祕，讓你能揭開這祕密書卷。」

聖經密碼就是這「祕密書卷」。

可以預見但無能改變

這位向約瑟和但以理揭示未來的「上帝」，現在是否也透過聖經向我們揭示未來？

誠如邁爾斯所說的，它再次呈現「國際層面的未卜先知」。

它已事先呈現拉賓遇刺和事件發生之年，正確預告波斯灣戰爭和開戰之日。但我還不知道，第三次「世界大戰」、「核武浩劫」和「終末之日」的預言，是否也會正確無誤。

此外，我也猜不透爲什麼「上帝」只揭露危機，卻不乾脆阻止。

「暗助約瑟的那位上帝，」邁爾斯指出，「其大能雖足以知道將有大事發生，但還不足以決定將會發生的事。」

不管這位密寫聖經的人是誰，事情也許就是如此。他可以預見未來但無法改變未來，因此只能把警訊暗藏在聖經裏。

邁爾斯指出，《但以理書》所呈現的人類歷史猶如「龐大的電影膠卷，未放映之前就可以知道內容」，因爲上帝可以「提供預告片」。

問題在於，我們是否看看電影就能改變劇情，打開了「封印之書」究竟只是知道恐怖的

「終末之日」，還是同時也可以防患未然？

「即使在全能和慈悲的上帝所創造的世界裏也有善惡之爭，而且結果難料，」伊利雅胡・芮普斯說。

聖經密碼可能只是一套或然率，封印之書可能儲存著所有的可能未來，因爲每一事件至少都跟兩種可能的結果密寫在一起。

芮普斯同意，聖經密碼可能有正反兩面的成分，兩種事實的陳述相對而彼此交織在一起：「好像法庭上有原告和被告一樣。」

「密載兩種相對的陳述，也許是爲了要保留我們的自由意志。此外，聖經密碼有可能是辯論記錄，」芮普斯說。「根據解經家的說法，世界分兩次創成，第一次是從是非善惡絕對審判的觀點設想，但上帝馬上就發覺，如此一來人類的瑕疵沒有容身之處，世界根本無法存在，於是祂又添加點慈悲。

「但這與熱水加冷水變溫水大不相同，而是有如火與雪相糅卻各自保有自身的存在一般。聖經密碼裏也許就有這兩種成分。」不過，芮普斯並不認爲有兩位寫碼人。「聖經一定是由一人同時記下，」他堅稱。「但有可能密載著兩種不同的觀點。」

他翻到《以賽亞書》四十五章七節對我唸道：「我是獨一無二的上帝，我造光亮，也造黑暗，賜平安。也降災禍：這一切都是主，我所創造的。」

對既是數學家又是虔誠猶太人的芮普斯而言，自是用不著問：這位寫碼人是誰？

答案顯而易見，這位寫碼者是原告也是被告。祂就是上帝。

善意的提醒

在我看來卻沒有這麼簡單。我擁有證明聖經密碼確實存在的證據，卻沒有上帝存在的證明。如果聖經密碼出於全能上帝之手，祂自己就可以改變未來，用不著煞費周章地警告我們。

相反地，聖經密碼似是出自某位慈悲爲懷但非全能的人士，希望藉由提醒我們恐怖危機的存在，讓我們自己去防患未然。

《啓示錄》指出，「終末戰爭」像夜賊一般突如其來。事實上，在「末日決戰」之前就有「看哪，我來像賊一樣」這幾個字。

聖經是在提醒這突如其來卻又無可避免的末日。

然而，聖經密碼眞正的訊息卻正好相反。聖經密碼密載著警訊，是要我們防範預言中的天啓默示。

眞相隱藏在《但以理書》最後一章，描述「封印之書」的經文裏。

文中揭示，這「祕密書卷」是專爲讓我們能夠發現而設計的。猶太曆五七五七年，也就是一九九七這一年，與「他把這書封存起來，直到末後的日子」這幾個字密寫在一起，這段經文的上方暗文則指出，「爲你，隱藏祕密」，而這幾個字再次與「五七五七」相交，「同時也有「爲你，密載」的意思。

這位寫碼者究竟是何方神聖？

天使對但以理所說的最後幾句話：「你可以繼續安享晚年，因爲你必得歇息，到了末後的日子，你要起來得到你所應得的」，有第二層意思。

這些話也在說一個人歷經萬難，阻止了一場預見的浩劫，帶給歷史一個美好的結局：

「你將保守每個人的命運，直到末後的日子。」

有人把警訊暗藏在聖經裏，提醒我們必須阻止世界毀滅。

○ 5757／1997　□ 爲你密載

◇ 他把這書封存起來，直到末後的日子

〔05紐約時報上的查證〕

從林肯到甘地、甘迺迪、沙達特、廣島核爆……這些歷史事件都在密碼之中。

日本偷襲珍珠港之後，羅斯福的名字連著「他在大敗之日下令攻擊」。

查證的人繼續以每天《紐約時報》的重要新聞來比對。

日本奧姆眞理教，美國奧克拉荷馬的爆炸事件……無一漏掉。

整個密碼，是在一瞬間一次完成的。

《以賽亞書》說道：「瞻前必須顧後。」

因此，當我發現，現在就是聖經密碼所說的天啓默示之日，末日已經開始，眞正的末日決戰可能肇始於核彈攻擊以色列——我既然沒有調查未來之能，便著手調查過去。

自「大洪水」以降，這個世界所發生的最接近末日啓示的事件，應是第二次世界大戰。「世界大戰」、「希特勒」和「浩劫」等字樣，全部密寫在舊約聖經最後一書裏。在一則拼出「世界摧殘，世界大戰」的密碼中，「世界大戰」出現一次。

除了「希特勒」之外，第二次世界大戰各國領袖如「羅斯福」、「邱吉爾」和「史達林」等，全都在聖經密碼裏。此外，「德國」、「法國」、「俄羅斯」、「日本」和「美國」等主要交戰國，也都跟「世界大戰」密寫在一起。

開戰之年一九三九，與「世界大戰」和「A・希特勒」一起；「納粹」一詞也在同一處出現。「大屠殺」則與希特勒下令以「最後解決」手段集體滅絕歐洲猶太人的一九四二年密寫在一起。

日本偷襲珍珠港，美國突然參戰，清楚地出現在聖經密碼中。

與「羅斯福」密寫在一起的，是他的頭銜「總統」，以及他在一九四一年十二月七日宣戰：「他在大敗之日下令攻擊」。

「珍珠港」與「摧毀堡壘」相交。這海軍基地指明是「艦隊」所在地，此外，它也與「世界大戰」、十二月七日和「廣島」等一起出現。

「廣島」和一九四五年的跳躍碼，與投下原子彈的年份相同。密碼中還描述第一顆原子彈的衝擊：「廣島終止攻擊全世界」，而它出現的地方正是《創世記》明文：「主爲著自己造了地上的人而傷心。」

「核武浩劫」跟相當於公元一九四五年的猶太年「五七〇五」在一起。這一年確實跟聖經中屢次出現的「核武浩劫」相交。

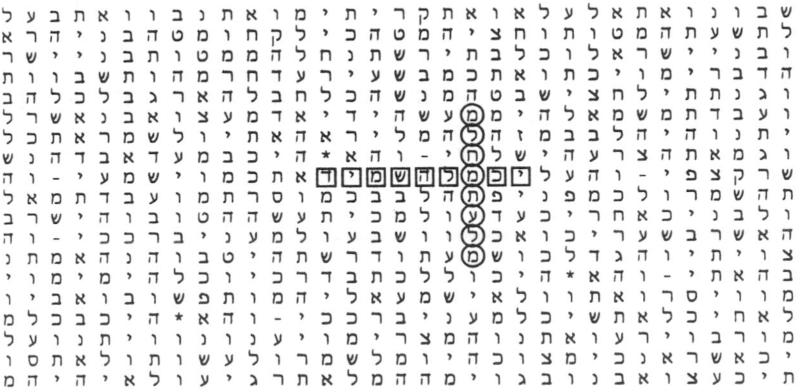

○ 世界大戰　　□ 他將擊打他們，摧毀並消滅

○ 羅斯福　　◇ 總統

□ 他在大敗之日下令攻擊

如今，眼前的危機似是較往日更真切了。既然上次世界大戰如此正確地密載著，那麼，聖經密碼提醒我們下一場世界大戰，當然不可等閒視之。

在每一則關於暗殺的預言裏

「下次大戰」跟「將在總理死後」的暗文密寫在一起。所有改變人類歷史的暗殺事件，如林肯、甘地、沙達特、拉賓，以及約翰和羅伯・甘迺迪兄弟，聖經裏都有預言。

「甘迺迪總統」只出現一次，而在同一則密碼中就有「將死」兩字，且他遇刺的地點「達拉斯」也在同一地方出現。

「奧斯華」跟「將行刺的刺客之名」一起。出現這幾個字的同一段經文，也密寫著「伊茲哈克・拉賓」和刺客的名字「艾

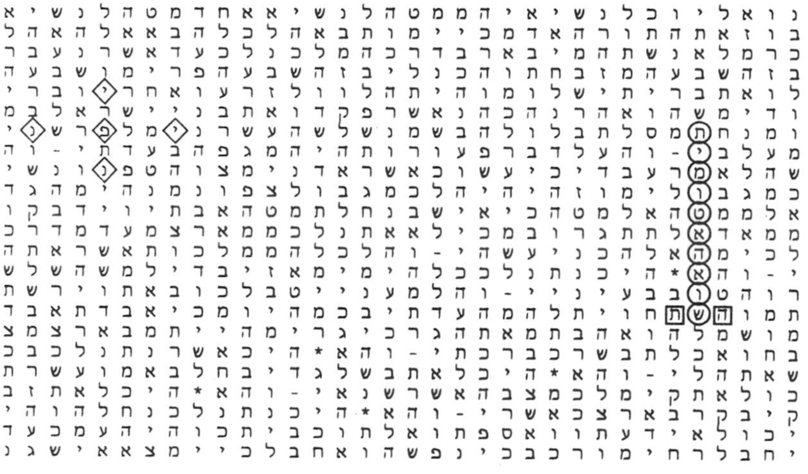

○ 核武浩劫　□ 5705／1945　◇ 日本

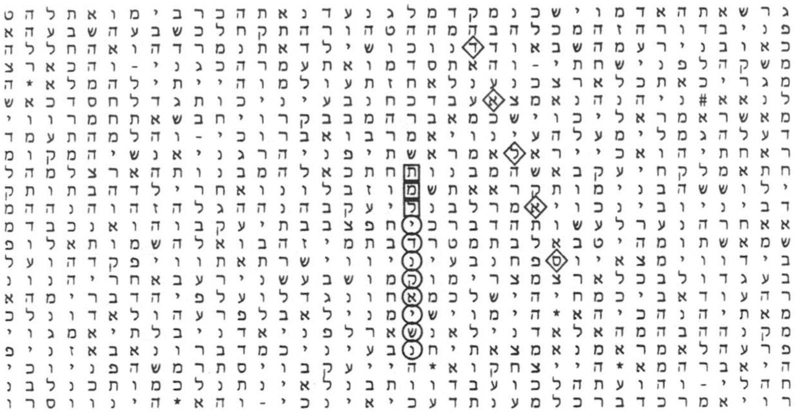

○ 甘迺迪總統　□ 將死　◇ 達拉斯

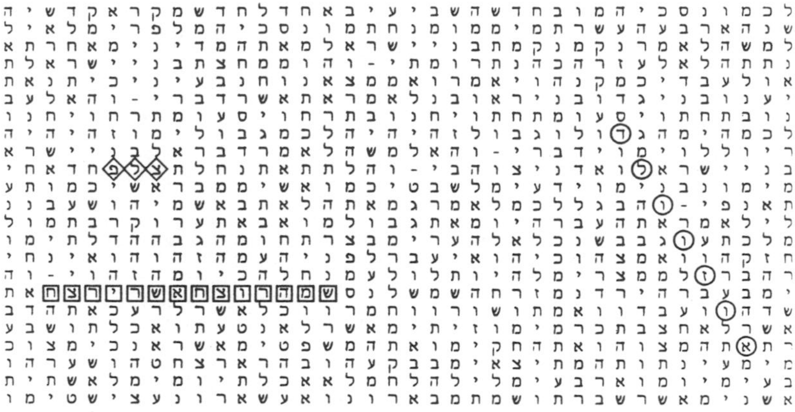

○ 奧斯華　◇ 射手　□ 將行刺的刺客之名

米爾」。

不僅「射手」和「狙擊手」兩詞與「奧斯華」密寫在一起，連他怎麼殺害甘迺迪也有精確的描述：「他將襲擊頭部，死亡。」

密碼中也預告奧斯華之死。射殺他的「魯比」與「奧斯華」一起出現，暗文中則說「他將殺死刺客」。

亦遭暗殺的甘迺迪總統之弟的名字「R·F·甘迺迪」，也在聖經裏出現。甘家人第二次遇刺也在預言中。事實上，這兩起暗殺事件就密寫在同一處。

同一張密碼表上出現了「甘迺迪總統將死」—「達拉斯」，以及「R·F·甘迺迪」—「第二位治國者遇害」。

跟「R·F·甘迺迪」相交的是刺客的名字「S·瑟朗」，而「瑟朗」和「甘

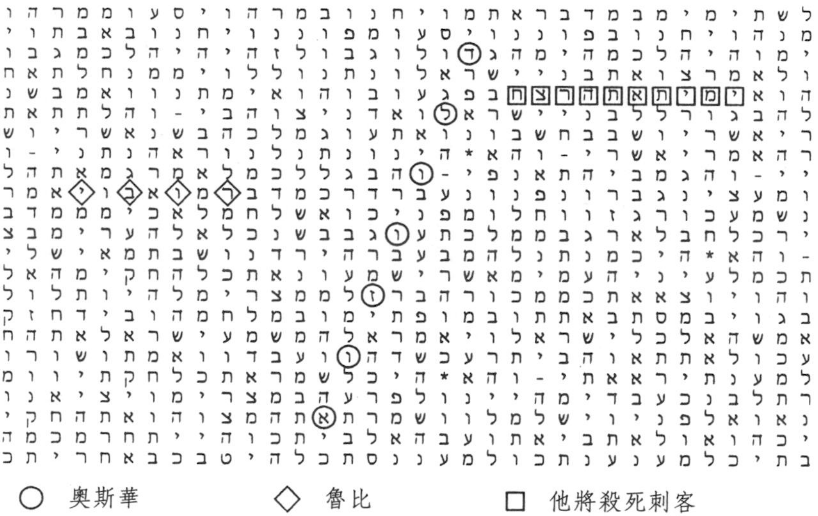

○ 奧斯華　◇ 魯比　□ 他將殺死刺客

迺迪」相交點上的暗文，則說「第二位治國者遇害」。

現代世界的暗殺形態頗爲顯著：遇害的都是爲世人帶來希望的領袖，而且每一起謀殺都密載於聖經中。

「A·林肯」出現兩次，分別在《創世記》和《申命記》中，刺客的名字「布斯」，則在與林肯名字相交的同一段經文裏出現三次。這位解放黑奴的總統名字「林肯」再一次出現時，則是和「遇刺」一詞相交。

領導印度人從殖民統治中爭取自由的甘地，密載在《出埃及記》裏，而在聖經密碼裏緊跟他名字「M·甘地」相交的，便是「他將遇害」。

和拉賓一樣爲中東謀和平的埃及總統沙達特，是最爲人懷念的中東國家領

○ R.F.甘迺迪　◇ S.瑟朗　□ 第二位治國者遇害

袖，他的遇害同樣也密載於聖經裏。他的名字和刺客查列德・伊斯蘭布里，以及遇刺的日期一九八一年十月六日一起出現。

有張列表出現「查列德將射殺沙達特」，在另一張表上則不但「他將行刺」和「沙達特」相交，連猶太曆「第緒里月八日」也一起出現，甚至連行凶地點「閱兵」也密載於舊約聖經中。

三千年前就已預見近兩百年來每一宗重大的暗殺事件，且精確而翔實地暗載於聖經密碼中。

這正是我要告訴拉賓總理的，而他也已在一年前遇害了：「你的全名伊茲哈克・拉賓唯一密載於聖經密碼的一次，就有『刺客將行刺』幾個字跟你的名字相交。千萬不可等閒視之，因爲沙達特和約翰與羅伯・甘迺迪遇刺事件也密載於聖經中。」

密碼中說，拉賓會在「五七五六年」，也就是公元一九九五這一年的九月遇刺身亡。而這一年又跟「拉賓遇刺」及「特拉維夫」密寫在一起。

而今拉賓也死了，時間和地點完全應了預言。

中東的恐怖活動

如果聖經密碼正確無誤，「下次大戰」將隨暗殺事件引發的恐怖活動而來。

中東是全球恐怖活動中心，而每一宗炸彈攻擊、謀殺、屠殺事件，都密載於聖經中。

第一起炸彈攻擊事件最令我印象深刻，因爲，已有兩千年歷史的聖經密碼，早已在新聞之前拔得頭籌。一九九二年十二月，在我飛往特拉維夫途中，空中小姐遞給我一份《耶路撒冷郵報》。

頭版上有個大標題：「邊界巡警遭綁架」。我立刻在我的膝上型電腦搜尋程式，找他的名字「托雷達諾」。這名字只出現一次，密載於《創世記》裏。

這張密碼列上說「托雷達諾遭俘」，而在「托雷達諾」的"d"字旁邊，則是他遭綁架處所的地名「洛

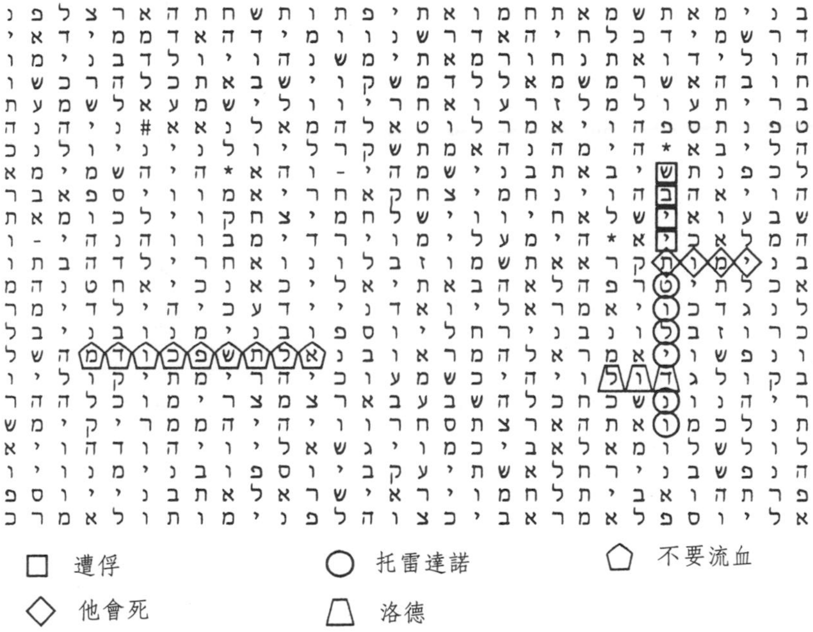

德」。此外，密碼中也說「他會死」。

新聞報導說他命運未卜，次日，他的屍體被發現。

後來，報紙刊出擄人的恐怖分子的供詞，其中有位巴勒斯坦人重述綁架後的情形。他說，三位恐怖分子爲了是否要殺死這位巡警起過一番爭執，他自稱他告訴另外兩位：「不要流血」。在聖經密碼裏，這幾個字跟「托雷達諾」一起出現。

此外，聖經密碼也預見現代以色列最嚴重的反恐怖報復行動：一九九四年二月，三十名阿拉伯人在清眞寺禱告時慘遭殺害。

凶手是一位以色列醫生，他的名字「戈爾斯坦」和發生屠殺事件的地點「希伯倫」，以及「殺人者來自以色列家庭」，全都在聖經密碼裏一起出現。

屠殺場所透露目前中東危機淵遠流長的根源，以及它與聖經糾結難解的關係。清眞寺建在一座聖殿之上，聖殿又在一座陵墓之上，而這陵墓據說乃是亞伯拉罕、以撒和雅各這些聖經中的族長葬身之所。

此地一直是以巴衝突的引爆點。一九九二年，希伯倫發生另一起屠殺事件：巴勒斯坦人暴動，殺死了六十七名猶太人，並把殘存者逐出城去。聖經密碼也預見這起事件。「希伯倫」跟暴動之年（「五六八九」）一起出現，暗文中則說「希伯倫，驅逐他們」。

今天，五百名重武裝的猶太人居住在族長墓附近的孤地裏，另有幾百名猶太人住在附近的一個叫「基列亞巴」(Kiryat-Arba) 的屯墾區裏，外圍有十六萬名阿拉伯人環居。他們引述

○ 戈爾斯坦　　◇ 希伯倫

□ 殺人者來自以色列家庭

聖經爲張本，《創世記》二十三章明白指出：「這田地和田間的山洞，讓渡給亞伯拉罕爲安葬之地。」

四千年前，亞伯拉罕買下這塊地做爲他妻子撒拉和他家族的墓地。阿拉伯人只是指出，根據聖經記載，亞伯拉罕也是他們的祖先，並沒有質疑這宗古代的契約行爲。

《創世記》原文說：「撒拉就在基列亞巴，就是希伯倫那裏去世」。同一段經文的暗文則說，「你們將在叢野之城，就是希伯倫鬥爭」。

毀滅性的攻擊事件

然而，隨著二十世紀行將結束，偶發的凶殺，甚至像希伯倫這種規模的屠殺，都不算是眞正的危機。恐怖分子揮舞具有毀滅性的武器，才是威脅。

這種威脅陡然在東京和奧克拉荷馬市這兩個完全出人意表的地方現形，然而，這兩起攻擊事件都密載在聖經裏。

一九九五年三月二十日，日本狂人教派奧姆眞理教，在東京地鐵發動毒氣攻擊。由當年納粹科學家所開發的沙林毒氣，於晨間交通尖峰時刻在地鐵火車上施放，造成十二人死亡和五千多人受傷。

美國參議院的一份報告指出：「這個教派很明顯地成爲第一個非戰時國家而大規模使用化學武器的團體。」委員會副主席努恩（Sam Nunn）則說道：「我認爲，這起攻擊事件象徵世界已進入一個嶄新的時代。」

在聖經密碼裏，「奧姆眞理教」和「災疫」密寫在一起；「毒氣」這字眼則在同一地方出現二次。

日本警方臨檢該教派總部時，赫然發現足可殺死東京一千萬男女老幼的毒氣。這個末日教派的關係網遍及全球，資產至少在十億美元以上，而且，除了神經毒氣之外，他們還儲存大量細菌戰觸媒，如炭疽熱。不僅如此，該教派還派遣一組人馬到薩伊蒐集伊波拉（Ebola）病毒，甚且想購買核武。

萬一奧姆眞理教的首腦沒有被捕、武器沒有沒收，可能會有什麼後果，聖經密碼也有記載。

「東京將空無一人」是未成眞的預言，是已消弭的可能性。

與「日本，東京」密寫在一起的「災疫」一詞，在聖經裏是指「埃及十災」，而緊跟著這個字的則是「飛天武器」。

「機群」也跟「災疫」密寫在一起。「氰化物」毒氣和不治病毒「伊波拉」則在同一地方出現。

稍後日本警方的報告指出，從奧姆眞理教總部沒收的文件顯示，該教派已計畫使用載人和無人直昇機，噴灑致命的生化觸媒，展開東京大攻勢。

教團領導人麻原彰晃預言，世界末日將臨。麻原被捕之前已爲「終末決戰」設下新的日期：一九九六年。

在聖經密碼裏，「東京將空無一人」和「五七五六」一起，而這個日期在猶太曆就相當於公元一九九六年。

頗具聖經色彩的災疫差點就在東京上演，而可能的後果則早已密寫在聖經裏。

準確得宛如一則新聞

一個月後，一九九五年四月十九日早上九時，一輛卡車裡的炸彈炸毀了美國奧克拉荷馬市的莫拉聯邦大廈，造成一百六十八人死亡，其中包括二十名兒童。幾小時後，警方逮捕主嫌提

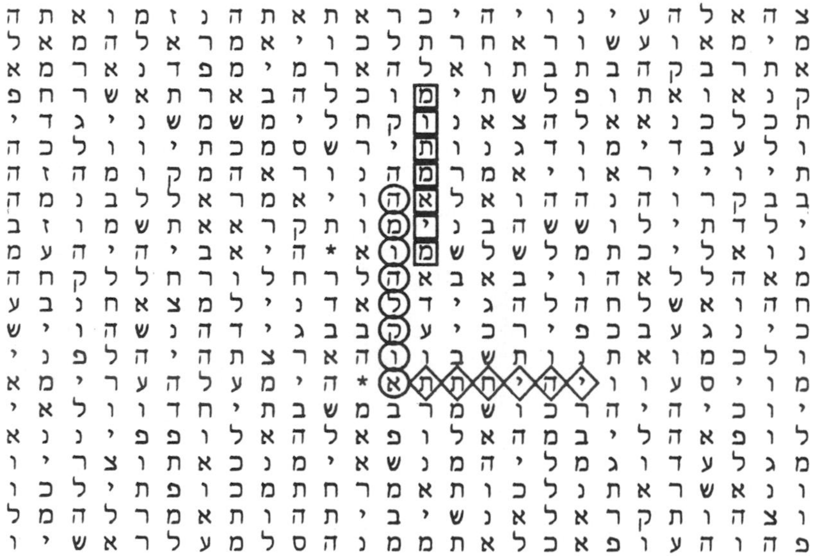

○ 奧克拉荷馬　□ 慘死　◇ 將有恐怖事件

摩太‧麥克維（Timothy McVeigh），一位與好戰右派有關連的前陸軍士官。

奧克拉荷馬爆炸案是美國史上最慘重的恐怖攻擊事件，而聖經密碼記載的翔實程度，幾乎與電視新聞快報不相上下。「奧克拉荷馬」跟「慘死」和「恐怖」這幾個字一起出現。

密碼中指出，攻擊標的叫「莫拉大廈」，而跟這個名稱一起的則是令人觸目

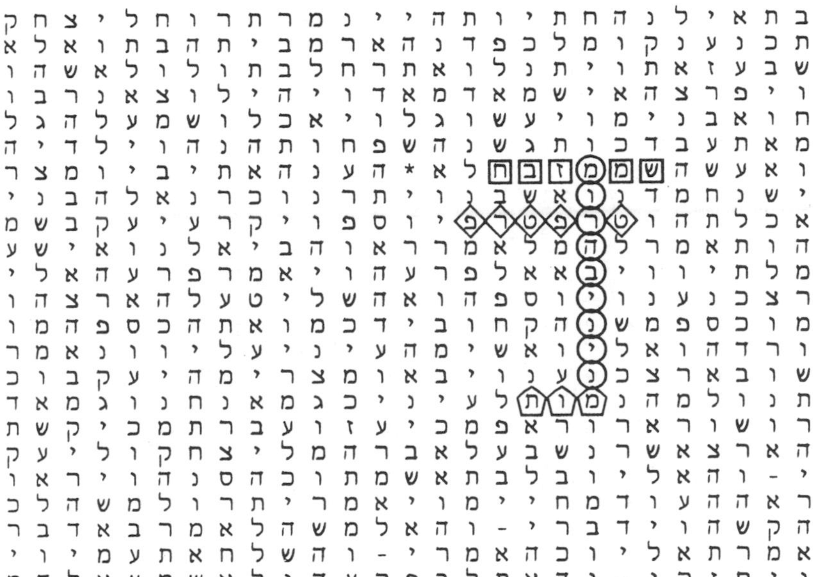

○ 莫拉大廈　□ 荒廢，屠殺

◇ 殺害，屍骨不全　⬠ 死亡

驚心的描述：「死亡」、「荒廢」、「屠殺」、「殺害、屍骨不全」。

聖經密碼指出主嫌：「他名叫提摩太・麥克維」。事實上，《出埃及記》所形成的猶如字謎般的矩陣上，連一九九五年四月十九日遭起訴的罪名，大屠殺，也有一番分解：「他名叫提摩太・麥克維—十九日—早上—九時—他突襲，他攻擊，恐怖—距柯瑞許之死兩年。」

政府調查人員說，麥克維是爲了替柯瑞許（Koresh）教派復仇；柯瑞許爲一信奉末日的教團，大部分信徒死於一場與聯邦幹員的槍戰，時間正好是奧克拉荷馬爆炸案發生前兩年的一九九三年四月十九日。

密載奧克拉荷馬慘劇的聖經經文

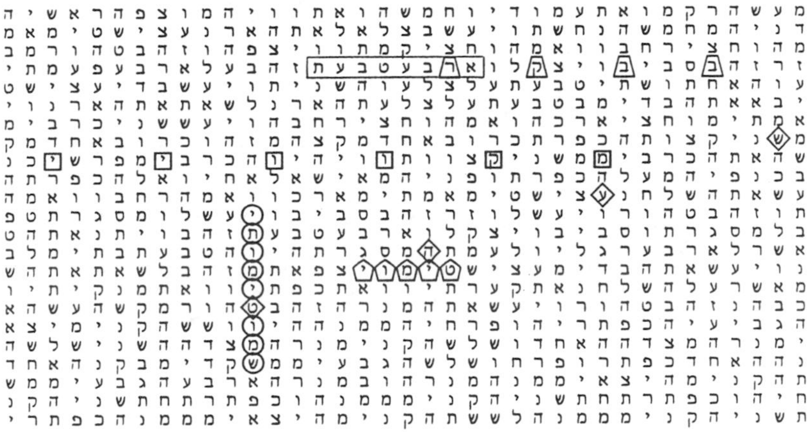

○ 他名叫提摩太　□ 麥克維

⬠ 19日　◇ 九時　⏢ 早上

▭ 他突襲，他攻擊，恐怖

說：「上帝之怒降臨在他們周圍的城市」，正和這個教派的瘋狂行徑遙相呼應，不免令人揪心。

最近的事件記載得格外詳細

我從一開始就疑惑的兩個問題，仍然沒有解答：我們能否在事前找出箇中詳情？我們能否改變未來？

麥克維躲在聖經裏三千年，我們只能在他被指控於奧克拉荷馬市殺害一百六十八人之後，才從密碼中發現這號人物；密碼中雖然預言拉賓遇刺，我們卻無法事先找出艾米爾；奧姆眞理教首腦被捕前，沒有人知道該教密謀對東京不利。

因此，大問題仍然存在：如果現在眞是「末日」的開端，我們能有什麼辦法？這已不只是哲學思維的問題了。

如果聖經密碼正確無誤，如果它的記載如實——最近的事件顯示大有可能——那麼，我們即將要面臨的天災和人禍，其規模之大將是前所未見的，事件之恐怖更是我們無從揣想的，而這些只能由聖經預言中得一梗概。

「06世界大戰」

二〇〇〇年和二〇〇六年，和世界大戰相連。
而世界大戰又和恐怖主義相連。
牽涉到的國家，則有俄羅斯、中國、美國和敍利亞。

二千多年前，有個彌賽亞教派躲在死海邊的山上，等待天使來會合，與邪惡勢力展開最後決戰，準備迎接「光明之子與黑暗之子的戰爭」。

這一小群猶太人唯恐羅馬人會毀去僅存的聖經抄本，於是將幾百份羊皮卷藏在沙漠中的絕壁山洞裏。

一九四七年，有位貝都因族的牧童往山洞裏丟石頭，驀地聽到陶器破碎的聲音，入內一看，破甕裏赫然藏著現知最古老的聖經抄本。

我初次得知這由《死海書卷》證明了有兩千年歷史的聖經內，暗藏了電腦密碼，預告它成書後數千年裏的大事之後沒幾天，便登上那些藏了古經卷的絕壁一遊。

我在荒山頂上坐了好幾小時，縱目瀏覽自從那彌賽亞教派在此紮營等候末日，千年以來未曾改變的蒼涼景致。

第二天，我到耶路撒冷「藏經院」(Shrine of Book)，參觀最古老的末日啓示預言：兩千五百年前的《以賽亞書》抄本。

在死海邊山洞中發現原封未動的《以賽亞書》原典，目前是陳列在這座圓頂博物館的正中央，全書從頭到尾捲在一只大卷軸上，卷軸立於一基座上，基座並跨越一口深井。

我心想，爲什麼要以如此奇特的方式陳列書卷？我打電話向設計這座死海書卷收藏館的建築師巴托斯（Armand Bartos）請教。

「設計的本意是爲了便於卷軸自動收捲，降到地層下，再以數層鋼板蓋住。」巴托斯說。

「為什麼這麼做？」我問道。

「為了確保這最古老的聖經抄本還能讓後世的人知道，」他說。

「擔心的是什麼呢？」我問道。

「核戰。」

這時還沒有人知道，這份裏著大卷軸，立在專為防禦核彈而設計的裝置上的書卷，裏面其實暗藏警訊，預言耶路撒冷可能毀於核武攻擊，而一場「核武浩劫」可能引發眞正的終末「世界大戰」。

祕密就在「封印之書」裏。

以賽亞形容即將來臨的天啓末日，誠然是未來戰爭的可怕景象，但他接著又說道：「這景象，對你們來說都好像藏在封了印的書卷裏一樣。」

這是第一次提到聖經裏祕藏這本「封印之書」，箇中暗藏著有關我們未來的景象，先是藏在山洞裏，接著隱藏在未發明電腦前無人能解讀的密碼中。

以賽亞一開始先說道，沒有人能打開這本「封印之書」：「如果你把這書給識字的人，對他說『請讀』，他會回答『我讀不來，這書卷是封住的』。」

不過，以賽亞最後預言「封印之書」將會打開：「到時聾人能聽見書上的話，在黑暗中的瞎子也可以重見光明。」

而在暗文裏，同一段經文則顯示這封印之書就是聖經密碼：「他承認他們今天所聽到的報告、祕密、書中的祕語，將予電腦化。」

爲時已有二千五百年的核戰警訊，唯有用電腦才能發現。而今，聖經密碼揭示了眞正的末日啓示開始的時間和地點。

末日的世界大戰

我一一查對往後一百年，只有二〇〇〇和二〇〇六這兩年，明確地跟「世界大戰」密寫在一起。

此外，這兩年也和「核武浩劫」一起。往後百年中，只有這兩年同時跟「核武浩劫」和「世界大戰」密寫在一起。

至於聖經究竟是預言二〇〇〇還是二〇〇六年會發生大戰，則不得而知。二〇〇〇年雖出現兩次，但在數學機率上，二〇〇六年卻是最符合的一年。當然，這危機是否眞實不虛，同樣也不得而知。

但若聖經密碼是正確的，那麼，本世紀結束前發生第三次世界大戰起碼是有可能的，而在往後十年中發生大戰的可能性也不容忽視。

「核武浩劫」跟「世界大戰」密寫在一起。根據聖經密碼，下次大戰將是使用戰陣中未曾得見的大量毀滅性武器彼此交戰。第二次世界大戰跟廣島密載在一起，但今天從原子砲彈到多彈頭彈道飛彈，起碼有五萬枚之多，每一枚都足以毀滅一整座城市，幾小時內全世界便

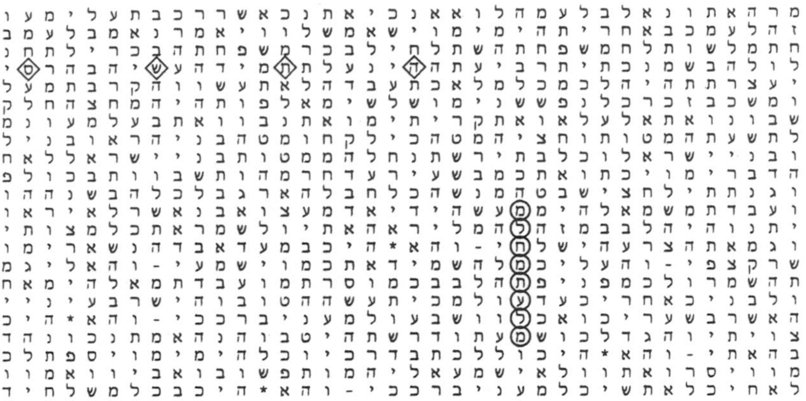

○ 世界大戰　◇ 5760／2000

○ 世界大戰　◇ 在5760（2000）／在5766（2006）

לחדשהזהחגשבעתימיממצותיאכלביומהראשונמקראקדשכלמלאכתעבדהלאתעשווהקרבתמאשהעל
תמסלתבלולהבשמנשלשהעשרנימלפרשניעשרנימלאילהאחדעשרונעשרונלכבשהאחדלשבעתהכב
תאחדמלבדעלתהתמידמנחתהונסכיהוביומהשביעיפרימשבעהאילמשנימכבשימבנישנהארבעהע
ריפראתמאישהביומשמעוכלמוצאשפתיהלנדריהולאסרנפשהלאיקומאישההפרמוי-והיסלחלהכ
לבני-והעלדברפעורותהיהמגפהבעדתי-והועתההרגוכלזכרבטפוכלאשהידעתאישלמשכבזכרהר
רששהושלשימאלפומכסמלי-והשנימושבעימוחמרימשלשימאלפוחמשמאותומכסמלי-והאחדושש
אתלעבדיכלאחזהאלתעברנואתהירדנויאמרמשהלבניגדולבניראובנהאחיכמיבאולמלחמהואת
הלאמרעבדיכיעשוכאשראדנימצוהטפנונשינומקננווכלבהמתנויהיושמבעריהגלעדועבדיכי
ברימאתאשרהכהי-והבהמכלבכורובאלהיהמעשהי-והשפטימויסעובניישראלמרעמססויחנובס
בהרההרוישמעהכנענימלכערדוהואישבבנגבבארצכנענבבאבניישראלויסעומהרההרויחנובצ
כמגבולימוזהיהיהלכמגבולצפונמנהימהגדלתתאולכמהרההרמהרההרתתאולבאחמתוהיותוצא
יממקירהעירוחוצהאלפאמהסביבומדתממחוצלעירמאתפאתקדמהאלפימבאמהואתפאתנגבאלפימב
טימהאלהוהצילוהעדהאתהרצחמידגאלהדמוהשיבואתוהעדהאלעירמקלטואשרנסשמהוישבבהעד
ראלממטהאלמטהכיאישבנחלתמטהאבתיוידבקובניישראלוכלבתירשתנחלהממטותבניישראללא
מונבנימוידעימלשבטיכמואשימבראשיכמותענואתיותאמרוטובהדבראשרדברתלעשותואקחא
שהאתכמבמצרימלעיניכמובמדבראשרראיתאשרנשאכי-והא*היככאשרישאאישאתבנובכלהדרכא
רתממאזלתגרובמכילאאתנלכממארצמעדמדרככפרגלכיירשהלעשונתתיאתהרשעיראכלתשברו
וועברואתנחלארננראהנתתיבידכאתסיחנמלכחשבונהאמריואתארצוהחלרשוהתגרבומלחמהי
תמששימעירכלחבלארגבממלכתעוגבבשנכלאלהערימבצרתחומהגבההדלתימובריחלבדמעריהפר
יהמלכימהאלהכניעשהי-והלכלהממלכותאשראתהעברשמהלאתיראומכיי-והא*היכמהואהנלחמ
אועיניכופניסורומלבבככלימיחייכוהודעתמלבניכולבניבניכיומאשרעמדתלפניי-והא*ה
תמפסלתמונתכלועשיתמהרעבעיניי-והא*היכלהכעיסוהעידתיבכמהיומאתהשמימואתהארצכי
האשרי-והא*היכנתנלככלהימימאזיבדילמשהשלשערימבעברהירדנמזרחהשמשלנסשמהרוצחאש
וראתיומהשבתלקדשוכאשרצוכי-והא*היכששתימימתעבדועשיתכלמלאכתכויומהשביעישבתלי
העמדעמדיואדברהאליכאתכלהמצוהוהחקימוהמשפטימאשרתלמדמועשובארצאשראנכינתנלהמל
יתהישרוהטובבעיניי-והלמעניטבלכובאתוירשתאתהארצהטבהאשרנשבעי-והלאבתיכלהדפא
צותולאלפדורומשלמלשנאיואלפניולהאבידולאיאחרלשנאואלפניוישלמלוושמרתאתהמצוהו
אשראנכימצוכהיומתשמרונלעשותלמענתחיונורביתמובאתמוירשתמאתהארצאשרנשבעי-והלא
ימועבדתמותשתחויתלהמהעדתיבכמהיומכיאבדתאבדונכגוימאשרי-והמאבידמפניכמכנתאבד
ילאמרראיתיאתהעמהזהוהנהעמקשהערפהואהרפממניואשמידמואמחהאתשממתחתהשמימואעשה
יפסללכשנילוחתאבנימכראשנימועלהאליההרהועשיתלכארונעצואכתבעלהלחתאתהדברימאשר
לתתלולחמושמלהואהבתמאתהגרכיגרימהייתמבארצמצרימאתי-והא*היכתיראאתותעבדובותד
ימטרארצכמבעתויורהומלקושואספתדגנכותירשכויצהרכונתתיעשבבשדכלבהמתכואכלתושבע
אלרשתאתהארצאשרי-והא*היכמנתנלכמוירשתמאתהוישבתמבהושמרתמלעשותאתכלהחקימואתה
ותנפשכתזבחואכלתבשרכברכתי-והא*היכאשרנתנלכבכלשעריכהטמאוהטהוריאכלנוכצביוכא
ועבתי-והאשרשנאעשולאלהיהמכיגמאתבניהמואתבנתיהמישרפובאשלאלהיהמאתכלהדבראשרא
הכהתכהאתישביהעירההואלפיחרבהחרמאתהואתכלאשרבהואתבהמתהלפיחרבואתכלשללהתקבצא
ריכיעמקדושאתהלי-והא*היכלאתבשלגדיבחלבאמועשרתעשראתכלתבואתזרעכהיצאהשדהשנהש

○ 核武浩劫　　◇ 在5760（2000）／在5766（2006）

會化爲烏有。

第三次世界大戰將是名副其實的終末決戰。

門楣聖卷裏的訓誡

有關我們這個世界可能面臨終末決戰、世界核武大戰的時間、地點和方式的警訊，暗藏在三千年前這本聖經最神聖的經文中。

當我們打開「封印之書」找尋第三次世界大戰的消息時，我們發現，堪稱聖經菁華的三十二行書卷中預告開戰之年。

這卷書卷稱爲「門楣聖卷」(Mezuzah)。它包含上帝吩咐分卷保管、張貼在每戶門口的聖經五書，全文三十萬四千八百零五個字母中的一百七十字。

「在五七六〇」和「在五七六六」，也就是公元二〇〇〇和二〇〇六年，就密載在這一百七十個字當中。

聖經五書全文中「世界大戰」只出現一次，就在同一地方跟這神聖經文之一相交。

「核武浩劫」只出現一次，也跟這兩年在書卷內相同的兩段經文一起。

《門楣聖卷》包括十五段經文，每一段都是以「聽哪，以色列，主你們的上帝，主是唯一的」開頭。在這寥寥幾段經文中，就有兩段是上帝在說如何保守這些話語：

「所以，我今天訓誡你們的，你們要銘刻於心，你們也要把這些話孜孜教導你們的子孫，無論是坐在家裏，走在路上，或坐或臥，都要與他們講論這些誡命，並要將它綁在手上，戴在頭上，時刻留心遵守；你們也要將誡命寫在門楣上，使你們朝夕不忘。」

可能發生第三次世界大戰的年份，就在最慎重守護的舊約聖經話語中揭露。

而且，就在密載了二〇〇〇和二〇〇六的地方，這祕卷的暗文就提醒我們愼防大戰：「它將轟炸你們的國，恐怖，摧滅，戰爭已發動。」

這十五段經文，是上帝兩度吩咐子民務必銘記，並須教導子孫且日日夜夜默念的經文，而其中兩段就密載著我們這個世界可能在什麼時候面臨核武大戰的警訊。這不可能是事出偶然。

極爲明確地和「世界大戰」密載在一起的這兩個年份，都暗藏在另外一卷已有三千年之久，至今以色列家家戶戶仍然懸諸門楣的一百七十個字裏。這不可能是事出偶然。

少一個字母，《門楣聖卷》便無效。這顯然是有人要絕對肯定地、不論聖經其它經文下場如何，這卷經文都必須一如原文般保守下來，令箇中暗藏的密碼不致有絲毫更動。

而且，這預言第三次世界大戰可能在往後十年內開戰的古密碼，同時也預言第二次世界大戰會在「五七〇〇年」開戰，也就是現代曆法中的一九三九到一九四〇年間。

暗文中說道：「五七〇〇年，焚屍爐生」，不但預言大戰，更預言納粹大屠殺時的焚屍爐。

審愼保守在《門楣聖卷》經文中的密碼，精確地預告第二次世界大戰，而同一卷神聖經文密載，終末決戰之日在二〇〇〇至二〇〇六年，確實是一大警訊。

共產主義崩潰

除了超級強國間的核武大戰，現在世界面臨一個新的威脅：挾核武自重的恐怖分子。

「恐怖主義」跟「世界大戰」密寫一處，而在「第三」的下方出現「兵戎相見」幾個字，明確地跟「核武浩劫」密寫在一起，顯示這是一場全面滅絕戰爭。

蘇聯的崩解改變了世界局勢，美國的頭號大敵不復存在，但舉世最大量的核子武器是恐怖分子覬覦的物件。

美國參議院委員會已在去年證實這項危機：「帝國瓦解之際仍擁有三萬枚核武，堪稱前所未

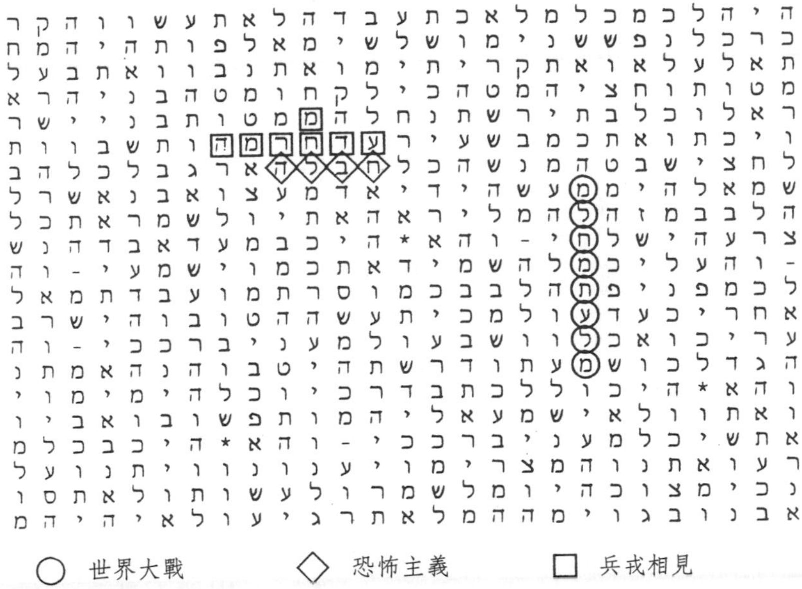

○ 世界大戰　◇ 恐怖主義　□ 兵戎相見

見，」副主席努恩說。

參議員魯加（Richard Lugar）稱前蘇聯爲「核生化武器潛在大超市」，並警告說「一、二枚，乃至十餘枚大規模的毀滅性武器，在俄羅斯、歐洲、中東甚或美國爆炸的可能性已然大增。」

聖經密碼預告「共產主義沒落」。「共產主義」一詞只出現一次，就跟「沒落」和「俄羅斯」密寫在一起。

「中國」兩字在下方，而跟「在中國」糾纏在一起的，則是預言「下一個」共產主義沒落的地方。

許多西方人都把蘇聯瓦解看做是一場大捷，而把終結中國共產主義視爲最後大勝利。殊不知，又一個核武大國動亂，則恐怖分子更可能買到或竊得足可毀城滅國的武器。

如果聖經密碼正確無誤，核武恐怖分子可能引發下次世界大戰，也許就像裴瑞斯跟我見面幾天後所說的，一旦核武「落在不負責任的國家手中，或狂熱份子肩上」，戰爭將於焉展開。

第二次世界大戰終於原子彈，第三次世界大戰則有可能是從這種方式開始。

末後之城耶路撒冷

歷史上爭奪最烈的城市耶路撒冷，從大衛王征服開始，歷經巴比倫人焚城、羅馬人毀城和十字軍圍城，一直到以色列在一九六七年收復，三千年流血衝突仍未結束。而耶城即是聖

פהשפחתלאהגדואשראלהבנייעקבאשרילדלובפדנארמויבאיעקבאליצחקאביוממראקריתה
נלהויבאאליהותהרלוותקמותלכותסרצעיפהמעליהותלבשבגדיאלמנותהוישלחיהודהאת
עהויפקדפקימעלהארצוחמשאתארצמצרימבשבעשניהשבעויקבצואתכלאכלהשנימהטבותה
לומויאמרהשלומאביכמהזקנאשראמרתמהעודנוחיויאמרושלומלעבדכלאבינועודנוחיו
שרילדלובמצרימנפששנימכלהנפשלביתיעקבהבאהמצרימהשבעימואתיהודהשלחלפניואל
ביחלקשללכלאלהשבטיישראלשנימעשרוזאתאשרדברלהמאביהמויברכאותמאישאשרכברכת
ותיכמשלחניאליכמואמרולימהשמומהאמראלהמויאמרא*הימאלמשהא-יהאשרא-יהויאמר
אסירואלקנהואביאספאלהמשפחתהקרחיואלעזרבנאהרנלקחלומבנותפוטיאללולאשהותל
עלהשמימוי-והנתנקלתוברדותהלכאשארצהוימטרי-והברדעלארצמצרימויהיברדואשמת
הישבעלכסאועדבכורהשביאשרבביתהבורוכלבכורבהמהויקמפרעהלילהואוכלעבדיווכ
לתי-והמקדשא#ניכוננוידיכי-והימלכלעלמועדכיבאסוספרעהברכבוובפרשיובימויש
דוגמכלהעמהזהעלמקמויבאבשלומוישמעמשהלקולחתנוויעשכלאשראמרויבחרמשהאנשיח
חבעליוולאישמאמגנביגנבמעמוישלמלבעליואמטרפיטרפיבאהועדהטרפהלאישלמוכי
מלקחיהומחתתיהזהבטהורככרזהבטהוריעשהאתהאתכלהכלימהאלהוראהועשהבתבניתמאש
וארגמנותולעתשניעלשוליוסביבופעמניזהבבתוכמסביבפעמנזהבורמונפעמנזהבורמו
רתמעמיווידברי-והאלמשהלאמרראהקראתיבשמבצלאלבנאוריבנחורלמטהיהודהואמלאא
נכימצוכהיומהנניגרשמפניכאתהאמריוהכנעניוהחתיוהפרזיוהחויוהיבוסיהשמרלכפ
יצפאתהבריחמזהבועשאתהפרכתתכלתוארגמנותולעתשניוששמשזרמעשהחשבעשהאתהכרב
והי-והאתמשהותכלכלעבדתמשכנאהלמועדויעשובניישראלככלאשרצוהי-והאתמשהכנעש
חכלחלבלי-והחקתעולמלדרתיכמבכלמושבתיכמכלחלבוכלדמלאתאכלווידברי-והאלמשה
תהקרבואתשתיהכליתואתהחלבאשרעליהנאשרעלהכסלימואתהיתרתעלהכבדעלהכליתיסיר
תשוקהימינהניפאהרנתנופהלפניי-והכאשרצוהמשהוישאאהרנאתידואלהעמויברכמויר
בשרחיטמאוראההכהנאתהבשרהחיוטמאוהבשרהחיטמאהואצרעתהואוכיישובהבשרהחיו
חלצאתהאבנימואחריהקצותאתהביתואחריהטוחובאהכהנוראהוהנהפשההנגעבביתצרעתמ
עלהאוזבחואלפתחאהלמועדלאיביאנולעשותאתולי-והונכרתהאישההואמעמיוואישאיש
דמהאשרהבדלתילכמלטמאוהייתמליקדשימכיקדושאניי-והואבדלאתכממנהעמימלהיותל
ספכמאתתבואתהארצתחגואתחגי-והשבעתימימביומהראשונשבתונוביומהשמינישבתונו
מומדיבתנפשוזרעתמלריקזרעכמואכלהואיביכמונתתיפניבכמונגפתמלפניאיביכמורד
רשמתמבנעשרימשנהומעלהכליצאצבאפקדיהמלמטהבנימנחמשהושלשימאלפוארבעמאותלב
משימשנהכלבאלצבאלעשותמלאכהבאהלמועדזאתעבדתבניקהתבאהלמועדקדשהקדשימובאא
פתחאהלמועדוהקריבאתקרבנולי-והכבשבנשנתותמימאחדלעלהוכבשהאחתבתשנתהתמימה
יהמנורהיאירושבעתהנרותויעשכנאהרנאלמולפניהמנורההעלהנרתיהכאשרצוהי-והאת
ומאינכליבשרלתתלכלהעמהזהכייבכועלילאמרתנהלנובשרונאכלהלאאוכלאנכילבדילשא
קבהיתהרוחאחרתעמווימלאאחריוהביאתיואלהארצאשרבאשמהוזרעויורשנהוהעמלקיוה
אשרלהמחיימשאלהותכסעליהמהארצויאבדומתוכהקהלוכלישראלאשרסביבתיהמנסולקלמ
ויבאובניישראלכלהעדהמדברצנבחדשהראשונוישבהעמבקדשותמתשממרימותקברשמולאה
הותרבצתחתבלעמויחראפבלעמויכאתהאתונבמקלויפתחי-והאתפיהאתונותאמרלבלעממה
תמלנמואלמשפחתהנמואלילימינמשפחתהימיניליכינמשפחתהיכינילזרחמשפחתהזרחיל
ימבניבקרשנימאילאחדשבעהכבשימבנישנהומנחתמסלתבלולהבשמנשלשהעשרנימלפרהאח
סמלי-והשנימושלשימנפשויתנמשהאתמכסתרומתי-והלאלעזרהכהנכאשרצוהי-והאתמשה
יישראלואמרתאלהמכיאתמבאימאלהארצכנענזאתהארצאשרתפללכמבנחלהארצכנענלגבלת
אמריכאשרצוהי-והא*הינואתנוונבאעדקדשברנעואמראלכמבאתמעדהרהאמריאשרי-והא
תהעברשמהלאתיראומכיי-והא*היכמהואהנלחמלכמואתחננאלי-והבעתההואלאמרא#ניי
אתקולי-והא*הינועודומתנוכימיכלבשראשרשמעקולא*היממחיימדברמתוכהאשכמנווי
מרבצדקתיהביאניי-והלרשתאתהארצהזאתוברשעתהגוימהאלהי-והמורישממפניכלאבצד
מרהכיאתמעברימאתהירדנלבאלרשתאתהארצאשרי-והא*היכמנתנלכמוירשתמאתהוישבתמ
יוכיקראשמטהלי-והאתהנכריתגשואשריהיהלכאתאחיכתשמטידכאפסכילאיהיהבכאביונ
שמאלהימאחרימומתהנביאההואוכיתאמרבלבבכאיכהנדעאתהדבראשרלאדברוי-והאשריד
הוציאואתהנעראלפתחביתאביהוסקלוהאנשיעירהבאבנימומתהכיעשתהנבלהבישראללזנ
ותכאשרצויתנילאעברתיממצותיכולאשכחתילאאכלתיבאניממנוולאבערתיממנובטמאול
ונאמנימוהשיבבכאתכלמדוהמצרימאשריגרתמפניהמודבקובכגמכלחליוכלמכהאשרלאכת
יהלאכלומצאהורעותרבותוצרותואמרביומההואהלאעלכיאינא*היבקרבימצאוניהרעות
איתיכבעיניכושמהלאתעברוימתשממשהעבדי-והבארצמואבעלפיי-והויקבראתובגיבאר

◇ 共產主義　○ 沒落　□ 俄羅斯　⏢ 在中國，下一個經密碼預言的核武攻擊標的。

當世首都之中，與「核武浩劫」或「世界大戰」密寫在一起的，唯有耶路撒冷。耶城的名字暗藏在一節經文中。「耶路撒冷」一名，與上帝揚言要懲罰以色列的話語密寫在一起：「我是主你們的上帝，我是嫉惡的，恨惡我的，我必在他們子孫身上報應他的罪，直到第三、四代。」

「你們的城當為恐怖行為所毀」則跟「核武浩劫」相交。

耶城為攻擊標的之說，在《創世記》最古老的預言中，以及《死海書卷》裏發現二千年紋風未動的《以賽亞書》中得到證實。

「可悲，耶路撒冷，耶路撒冷，大衛安營的地方啊，」以賽亞警告道，他在這裏是以聖經中的古名亞利伊勒（Ariel）稱呼耶路撒冷。形容聖城因遭圍困而化為「沙塵」的措詞，頗具末日天啓的色彩：

「萬軍之主在瞬息之間降下雷轟、地震、巨響、漩流、暴風和烈火。」

數千年前所預見，且以古代預言家所能運用的語言所表達的，正是極為精確的「核武浩劫」景象。

試與現代對廣島原子彈轟炸的描述作一比較：

「全城瞬息摧毀，市中心夷為平地。半個小時後，熱脈衝引燃的大火開始形成風暴性烈焰，持續了六個小時之久。正午四個小時間，因爆炸產生氣候異常狀態，更使全城再受摧殘。」

這些話看似呼應以賽亞，其實出自謝爾（Jonathan Schell）在《地球的命運》（*The Fate of the Earth*）一書中對廣島遭原子彈轟炸的敍述。

巨爆形成眞空，是以在廣島沒有人聽見爆炸聲，但幾哩外聽見前所未聞的巨響和恐怖的「轟雷」。

廣島原子彈是在離地二千英呎高的空中爆炸，若是核彈在地面爆炸，當然會更加恐怖，而恐怖分子的攻擊極可能就是這種方式。

全城人口會在瞬息之間化爲沙塵。再引謝爾的話爲證：「該地區內的人灰飛煙滅，就這樣消失無蹤。這些人化爲輻射塵，飄飄上昇到蕈狀雲裏，再落到地面。」

現在再聽聽以賽亞怎麼說：「那時你就不得不俯首歸降了，你在地上說話，你的話從沙塵中喃喃傳出，好像地底的鬼魂一樣。然而，那一大群攻擊你的敵人，卻都要像沙塵和飛糠一樣，一下子就被大風吹去。」

就古代的圍城景象來說，這種形容頗爲奇異，但跟核武攻擊餘波和核武還擊的景象極爲吻合。

此外，經中還有一段奇奧難解的話：「這景象對你們來說，都好像藏在封了印的書卷裏一樣。」

這些話封存至今，才由可能是爲了在核武攻擊迫近時提醒我們的密語所揭示。

「核武攻擊」密載於《以賽亞書》中，核子（atomic）攻擊中的" m"，跟耶路撒冷

(Jerusalem) 的 "m" 疊用同一字母，且也在此字母處與「書卷」交疊，形成「他打開書卷」。

以賽亞提醒天啓末日時所使用的耶路撒冷古名亞利伊勒，也跟「世界大戰」密寫在一起。

世人久已熟知的終末決戰預言，似已由聖經密碼加以證實。耶路撒冷，這西方世界三大宗教的中心，傳說中經過大衛王統治、見過耶穌死亡和穆罕默德昇天的城市，也許會在宗教仇恨帶來的終末戰爭中消失。

最後的戰場

眞正的終末決戰。可能是一場世界核武大戰。

我從不相信天啓末日的聖經預言，不相信上帝或魔鬼會毀滅全世界，或善與惡的勢力會在末日大戰裏爭鋒。

「終末決戰」（Armageddon，阿馬吉多頓）

出自新約聖經最後一書（即《啓示錄》）中一段頗爲奇幻的經文：「鬼魔的靈，施行奇事，出去到普天下衆王那裏，叫他們在神全能者的大日聚集爭戰。祂便叫衆王聚集在一處，希伯來話叫哈米吉多頓的地方。」

不過，哈米吉多頓卻是確有其地。這是希臘文對以色列古城梅基鐸（Megiddo）的稱呼。在希伯來文裏，「梅基鐸山」即是「哈米吉多頓」，阿馬吉多頓乃是希臘文對這地名的迻譯。

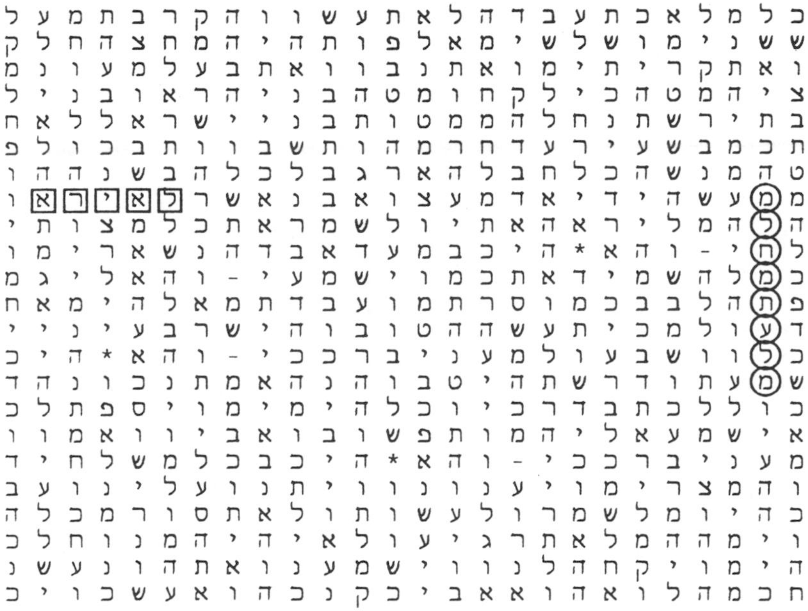

○　世界大戰　　□　亞利伊勒／耶路撒冷

有天深夜，我前去此地一探。我開車回耶路撒冷時，驀地看到綠底白字的高速公路路標上，寫著我只在聖經中見過一次的地名，梅基鐸。時間已是午夜過後，但我還是停車瀏覽這些城廢墟。這麼偏僻的地方如何會是當年大戰的場所，簡直教人無法想像。

可是，在梅基鐸附近，遊人不識之處，就是以色列最重要的空軍基地，拉馬特大衛營(Ramat David)。基地在以色列北部，面向以色列宿敵敍利亞，一旦現代中東眞正發生戰事，此地即處於最前線。

「終末決戰（阿馬吉多頓）」一詞，在聖經密碼裏與敍利亞領袖「哈費茲・阿塞德」相交。事實上，預言中的「末日戰爭」地點，就在他名字一個跳躍列後出現：「阿馬吉多頓，阿塞德浩劫」。

「敍利亞」跟「世界大戰」密寫在一起。這個國名頗爲搶眼，因爲出乎意料。「俄羅斯」、「中國」和「美國」，都跟「世界大戰」一起出現。但他們是當今三大超級強國，捲入世界大戰是極有可能的。出人意表的是「敍利亞」。

但若「終末決戰」確實不假，那麼，很有可能是依聖經明文所預言的方式展開。

新約最後一書預言空前慘烈的末日之戰：「撒旦必從監牢裏被釋放，出來要迷惑地上四方列國，就是歌革和瑪各，他們聚集爭戰，他們的人數多如海沙。」

沒有人知道古代的歌革和瑪各座落於何處，但最初預言末日戰爭的《以西結書》裏說，以色列將遭北方強敵入侵：「你召集各國聯軍，組成龐大的軍隊，從極北之處南下。」

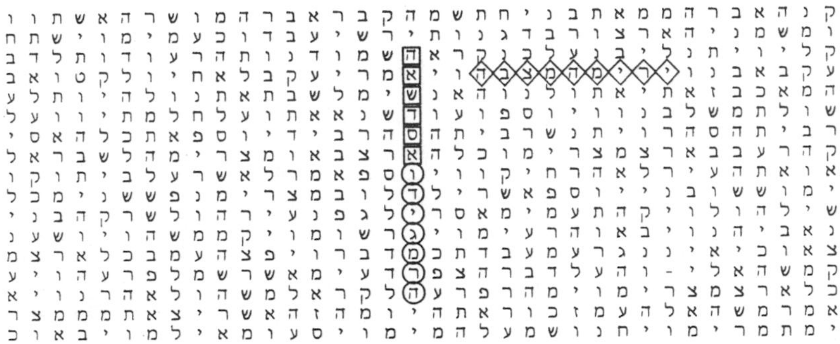

○ 阿馬吉多頓／哈米吉多頓／梅基鐸山

□ 阿賽德浩劫　　◇ 從軍事崗哨開火

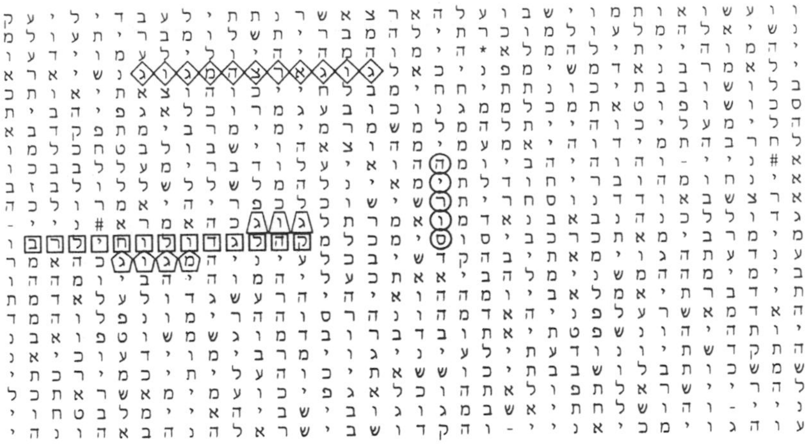

○ 敘利亞　　◇ 歌革，瑪各之地

□ 一大群，大軍　　⏢ 歌革　　⬠ 瑪各當今在以色列北方的敵國，唯有敍利亞。

「敍利亞」密載於《以西結書》中，預言大軍入侵那段經文開頭的地方。此外，書中也指出敍利亞的盟國：「波斯」和「弗」，也就是現代的伊朗和利比亞。

《以西結書》明文裏，預言以色列和周圍阿拉伯國家間恐怖的戰爭：「以色列山上大屠殺。」

根據聖經密碼，第三次世界大戰可能是這樣開始的：先是核武攻擊耶路撒冷，接著大舉入侵以色列。

危機尚未結束

那所用防核武攻擊特殊設計裝置來展示《死海書卷》的博物館，還展示了別的物件：愛因斯坦《相對論》原稿，以及他親手書寫的那則揭開原子時代，使世界為之改觀的方程式：$E=mc^2$。

不過，最能引起我注意的，卻是愛因斯坦所說的另一句話：「我不知道第三次世界大戰拿什麼武器打仗，但我知道，第四次世界大戰會以棍子和石塊打仗。」

在二十世紀行將結束之際，我們面臨這個世界前所未有的混沌狀態。我們造出了一天就可以使人類文明毀之殆盡的武器，而這些武器現在可能正四處流竄。

聖經密碼的預言似乎符合聖經預言，而且這恐怖的預言現在已是有形有貌，有時間有地點：核武世界大戰可能就在二〇〇〇年結束之前或二〇〇六年，眞正的終末決戰可能就在今後十年間。

而預言中的危機並不是就此結束。

【07 末日的面貌】

世界大戰之後，則是大地震。
最可能的地方是中國（二〇〇〇和二〇〇六年）、
加州（二〇一〇），以及日本（二〇〇〇及二〇〇六）。
一九九五年的神戶地震，已經完全在密碼中成眞。
日本也是除了以色列以外，唯一一個和終末戰爭連在一起的國家。
二〇〇六年甚至會有星球撞擊地球……

從天啓默示的每一種景像來看，最後的重擊都是大規模的地震。

在新約最後一書《啓示錄》中，這是第七位天使發出的第七種禍害：「又有……大地震，自從地上有人以來，沒有這樣大、這樣厲害的地震……各海島都逃避了，衆山也不見了。」

《以西結書》預言和「歌革與瑪各」的最後交戰會以下述方式結束：「那日在以色列地必有大震動……其上的衆人因見我的面就都震動，山嶺必崩裂，陡巖必塌陷，牆垣必坍倒。」

聖經明文裏一再威脅和預測，世界會被大地震摧毀。

「我必使天震動，使地搖撼，離其本位。」上帝在《以賽亞書》中警告說：「耶和華興起，使地大震動的

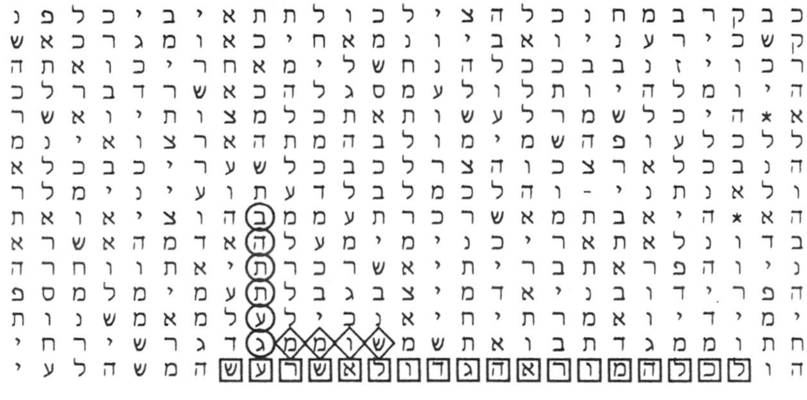

○ 在5873／2113　◇ 空乏，無人煙，荒涼

□ 對衆人行大而可畏的事：火災，地震

時候，人就進入石洞，進入土穴，躲避耶和華的驚嚇。」

原始聖經（即摩西五書）的最後一節指出，上帝命令摩西上西奈山。隱藏在這一節經文裏的訊息，也是相同的警告：

「他動用狂力去滅絕，去完全摧毀，對眾人行大而可畏的事：火災、地震。」

聖經密碼透露的最後秘密，正是《啓示錄》公開預言的最後打擊。這一點不可能是偶然的。

聖經密碼似乎在警告，未來數百年間，全世界會發生一系列的「大地震」。在密碼中，有三個年份清楚地與「大而可畏的事」密寫在一起：二〇〇〇、二〇一四、二一一三。其中距離最遠的年份最明確。

目前還不清楚密碼說的是一系列的災禍，還是災禍的一再延後。但是，最初的地震可能在下世紀的最初十年發生，甚至可能在本世紀結束前發生。

○ 大地震　　◇ 在5760／2000

末世的大地震，在加州

《啓示錄》長久以來預示的大災難如果是眞的，發生的地點不會是某個遙遠的神秘國度，而是眞實世界中的眞實城市。美國、中國、日本和以色列全都和「大地震」密寫在一起，而且密寫的年份是在可見未來的歲月中。

聖經密碼似乎預測，下一個在美國發生的大地震會襲擊加州。所有曾經震撼加州的地震，在聖經中都已有預測。

歷來襲擊美國的最大地震是一九〇六年的舊金山地震，而聖經在三千年前就預測到了：「加州舊金山」和一九〇六年同時出現，「大火、地震」也和這一年密寫在一起，而且暗藏的文字指出「城市瓦解，遭到摧毀」。

最近侵襲美國的最大地震又是在舊金山發生，在聖經中也已經密寫出來：一九八九年跟「大火、地震」和「加州舊金山」，都在同一個地方出現。

但是，從數學統計來看，洛杉磯是世界上與「大地震」最常密寫在一起的大城市。「加州洛杉磯」和「大地震」密寫在一起的機率很高，而且「美利堅」和「美國」也和預測中的大地震一起出現。

地震學家同意：南加州是近期內美國最可能遭遇大地震的地區。一九九五年的美國地質調查報告指出，「在二〇二四年前，南加州有百分之八十到九十的機率發生七級以上地震」。

○ 大地震　◇ 在5760（2000）／在5766（2006）

○ 大地震　◇ L.A. CALIF.　⏢ 在5770／2010　□ 5754／1994

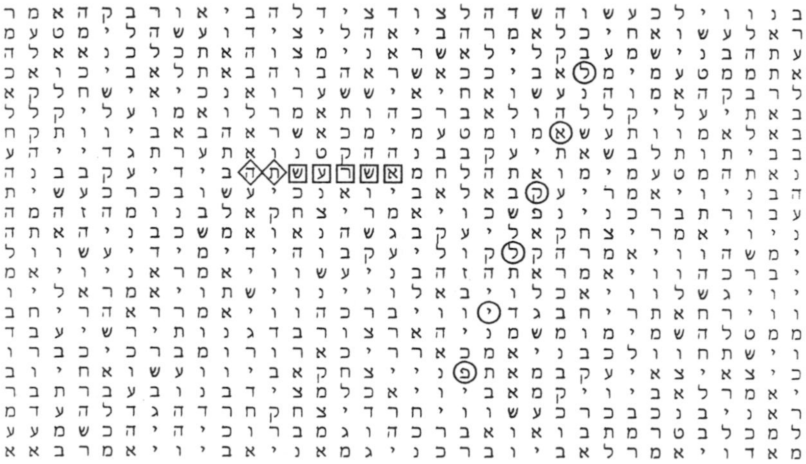

○ L.A. CALIF.　　□ 火災，地震　　◇ 5770／2010

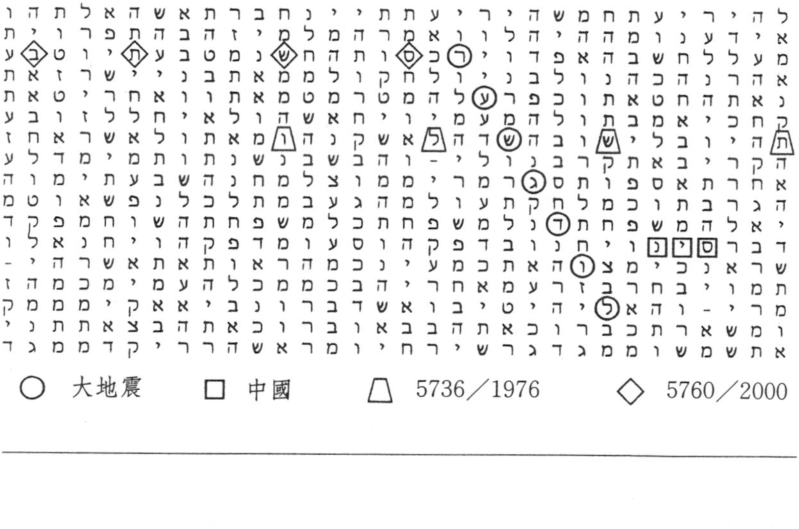

○ 大地震　　□ 中國　　⏢ 5736／1976　　◇ 5760／2000

作此預測的專家沒有提到最近一次的洛杉磯大地震。那次地震在一九九四年元月發生，造成北坡（Northridge）地區六十一人死亡。地震不是在已知的斷層帶上發生，也沒有人預測到。只有聖經密碼預示了這次災禍。跟「大地震」和「加州洛杉磯」密寫在一起的「五七五四」，換成現代曆法，就是一九九四年。

和預示中的大地震相比，那次地震只是小震撼，而且就在預測一九九四年地震的同一個地方，近期內有一個年份和洛杉磯在一起出現。

在「加州洛杉磯」下方，和「大地震」交叉處，列出了二〇一〇年。在另一處，希伯來曆法中的同一年，即「五七七〇」年，再度和洛杉磯的名稱密寫在一起，而且實際上和「大火、地震」重疊。

這只是一種比較大的可能性，密碼和地震學家都可能錯誤。但是，聖經密碼似乎預測大地震會在二〇一〇年襲擊洛杉磯。

中國和以色列的大地震

世界另有三個地區和「大地震」密寫在一起。三個地區都跟二〇〇〇和二〇〇六年密寫在一起。我們沒有辦法知道未來十年內，哪個地區可能眞的遭到大地震襲擊。

「大地震」和中國密寫在一起。中國曾經發生世界歷史上災情最慘重的地震，就是一九七六年的唐山大地震，有八十萬中國人罹難。那一年，也就是「五七三六」年，出現在「中國」的正上方，和「地震」相交。

但是中國可能再度遭到地震侵襲。就在一九七六年的上方，又出現一個年份：「五七六〇」年，也就是二〇〇〇年。「中國」三度和「大地震」一起出現，並和二〇〇〇年及二〇〇六年密寫在一起。

在聖經明文中，本世紀內從未發生大地震的以色列，卻顯得最突出。《以西結書》已明白預言，在以色列的土地上會發生一次大地震。

在聖經密碼中，「以色列」和「大地震」一起出現過四次。但是，以色列在聖經中出現的次數太多，沒有辦法計算其中的數學意義。然而以色列位在世界最大的斷層帶上。遠古時代，紅海大裂縫有過極爲劇烈的變動，以至於非洲從亞洲脫離。

但是，根據聖經密碼，最可能陷入危險的國家是日本。

大地震引發的全球災難，來自日本

我第一次和出版商見面時，他要我預測一件世界大事。我拒絕了。

「明天的事情我一點兒也不知道，」我告訴他：「我只知道密寫在聖經裏的事情。」

但是，他一直堅持。最後，我告訴他，如果有什麼看來可以肯定的話，那就是日本會遭到一連串大地震的蹂躪。

三個月後，日本發生三十年來最大的地震。地震發生在一個偏遠的地方，罹難的人極少，但是，在芮氏地震儀上，這的確是大地震。

我查對聖經密碼，密寫在其中的確實震央是一個非常小的小島，小到連許多日本人在地震發生前，都不知道有這個島。整個密碼矩陣是這樣寫的：「奧尻七月會遭到震撼。」地震在一九九三年七月十二日來襲。

我是在排定到日本旅行之前發現這一點的。我覺得必須把自己所知道的事情告訴大家。如果奧尻地震這麼精確地密寫在聖經裏，那麼聖經預示的其他地震也可能是眞的。

我去拜訪日本負責地震防護的內閣大臣廣中若子。她先生是著名的數學家。她覺得有興趣，卻也很惶惑。

「我能怎麼辨？」她問我說：「把所有的人從東京撤離嗎？」

事實上，「東京所有的人會撤離」確實密寫在聖經裏，但沒有提到時間或原因。

一年後，神戶被大地震摧毀，有五千人罹難。這件事舊約中也已預示。「日本神戶」和「火災」、「地震」、「很大一個」密寫在一起，發生的年份一九九五年（「五七五五」）和「火災、地震」相交。

在密碼中，「日本」也是跟未來的「大地震」最清楚連結的國家。在同一個地方，也出現了二〇〇〇和二〇〇六年的字眼。

我們同樣無法知道聖經預示的危險是不是眞的。但是，就像以色列所面臨的情形，有關日本的警訊似乎帶有大災難已迫在眉睫的意味。事實上，在聖經密碼中，這兩個國家似乎有

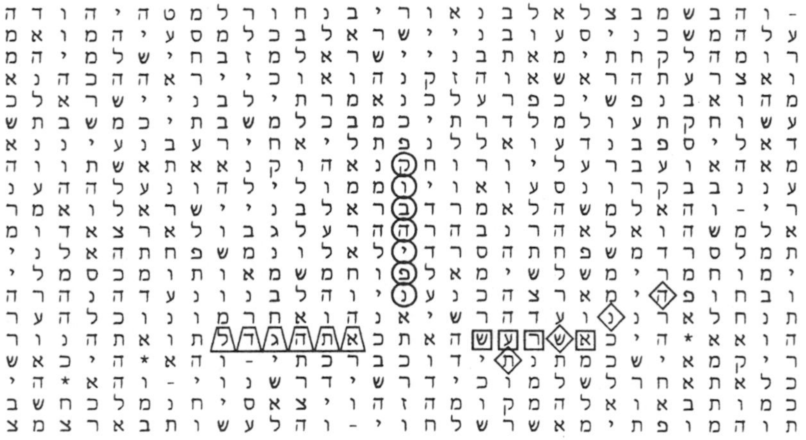

○ 日本神戸　□ 火災，地震　⏢ 很大一個　◇ 5755／1995

○ 災禍之年　◇ 以色列與日本

○ 大地震　□ 日本　◇ 在5760-66／2000-06

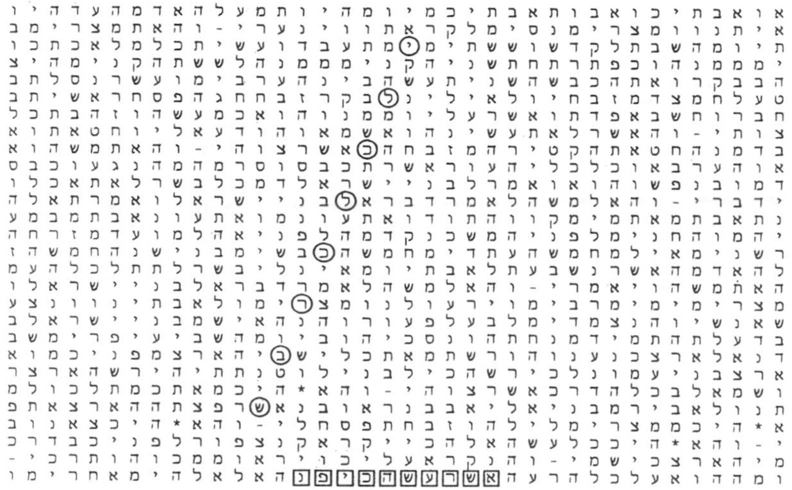

○ 經濟崩潰　□ 火災，地震打擊日本

種近乎怪異的關係。

聖經一再預示，兩國處在空前的危險中。

聖經兩次提及「末日」時，「日本」和「以色列」都同時出現。「日本」和「以色列浩劫」密寫在一起；在聖經暗文中，「以色列和日本」一度連在一起，形成單一的詞句，而且兩國的名字和僅有的一次「災禍之年」相交。「日本」也是以色列之外，唯一跟「終末戰爭」密寫在一起的國家。

整個聖經密碼中，兩國似乎都受到驚人的災禍威脅。以色列立即的危險是核子戰爭，日本立即的危險似乎是災難性的大地震。如果聖經密碼預示從以色列開始的戰爭可能危害全世界，整個世界也可能受到襲擊日本的地震震撼。

「經濟崩潰」在聖經密碼中出現過一次，上次大蕭條開始的年份一九二九年也密寫在同一個地方。但是「經濟崩潰」也和「地震襲擊日本」密寫在一起。

目前日本在全球經濟中居於極爲重要的地位，因此日本發生任何大災難，都會衝擊全世界。眞正的全球動亂可能是大規模的「經濟崩潰」，而不是一場「大地震」

但是，我們可能面臨的最後危險，有可能是人類前所未見的最大自然災禍。

天體撞擊地球，滅絕恐龍，也將滅絕人類？

六千五百萬年前，一顆比聖母峰大的小行星撞上地球，爆炸的力量等於三億顆氫彈，造

○ 恐龍　◇ 小行星　□ 龍　▭ 它將擊打拉哈伯

成所有恐龍滅絕。

「小行星」和「恐龍」在聖經中密寫在一起。依據聖經，上帝在地球上創造的第一種生物的名字，也密寫在同一個地方。

《創世紀》第一章寫道，「上帝就造出大魚（Tanin），」這個詞的意思是「龍」或「怪獸」，指一種已經不存在的巨大動物。

就在「小行星」的上方，「龍」和「恐龍」相交。同時密寫在一起的，還有傳說中上帝在創造世界之前殺掉的龍的名字。

上帝擊打的龍，名叫「拉哈伯」（Rahab），在聖經密碼中出現，正好放在「小行星」擊中「恐龍」的地方，一定是有意的。

事實上，整個密寫的文字宣稱：「它將擊打拉哈伯。」這顯示，恐龍滅絕正是所謂的屠龍。以賽亞回憶這次宇宙大事時說：「從前砍碎拉哈伯，刺透大魚的，不是你麼？」

科學家現在同意，除非恐龍被小行星滅絕，人類絕不可能演化出來。但是，他們也猜測，人類可能遭遇相同的命運，被天外飛來的一塊岩石滅絕。

重要的美國天文學家，麻州劍橋史密松天文台主任布萊恩．馬斯登（Brian Marsden），在一九九二年首次發出這種警告。

據他計算，一顆不久前剛剛被人看見，名叫「史威夫特-塔托」（Swift-Tuttle）的彗星，會在一百三十四年後，亦即二一二六年，再度出現。他說，屆時這顆彗星可能撞上地球。這顆彗星至少和滅絕恐龍的小行星一般大小。馬斯登的警告非常低調——「如果略做改變，慢個大約十五天的時間，這顆彗星就可能在二一二六年撞上地球。」但這是末日預警，當時也成爲世界各地的頭條新聞。

《紐約時報》當時報導：「世界天文學界權威組織『國際天文學家聯盟』首次發出警告，地球可能和一顆從太陽系邊緣疾衝而來的天體相撞。科學家認爲，這顆彗星的大小足以終結人類文明。」

《新聞週刊》則藉一篇恐怖的封面故事，描述這可怕的景象：「它像地獄來的飛毛腿飛彈一樣，從天外呼嘯而來，比山還大，蓄積著比全世界所有核子武器加起來還大的威力。」馬斯登後來撤銷了這個警告。新的計算顯示，這顆彗星會在二一二六年七月底安然從地球旁邊劃過。但是，這塊十英里寬的岩石只要遲到兩個星期，在八月中來到，就會撞上地球。

沒有一位天文學家預測這顆彗星一九九二年出現的日期，跟實際出現的日期差距在兩週之內。大部分人的預測都差了好多年。

但是，三千年前，聖經已經密載這顆彗星被人看到的正確日期——一九九二年九月二十七日星期日，當天恰好是希伯來新年的除夕。聖經密碼預見到這一刻，寫著：「除夕，史威夫特」。

在希伯來曆法裏，一九九二年即五七七三年。這個年份跟「彗星」及其全稱「史威夫特

-塔托」密寫在一起。

而且在聖經密碼裏，「史威夫特」也和「五八八六」年密寫在一起。這一年即二一二六年，就是這顆彗星再度出現的年份。

這顆彗星的名字和這個年份相接，同時在二一二六年的上方出現一行字：「它在第七個月來到」。這顯示，這顆彗星會在七月安全地從地球旁邊劃過。

恆常潛在的危機

但是，我們不能否認，聖經密碼含有一個可怕的警訊，跟「彗星」這個字眼密寫在一起。而一直到一九九四年另一顆彗星和木星相撞，全世界才了解其中眞正的危險。

這次撞擊產生了跟地球一樣大的火球，使木星留下很多巨大的黑色坑洞。這是人類在自己的太陽系中，所見過最大的爆炸。如果這樣嚴重的事情發生在地球，一定會導致人類全部滅絕。

如前所述，聖經也預示了木星的這次巨變，而且是在發生之前幾個月就被人發現了。這顆彗星的名字「舒梅克-李維」跟行星的名字「木星」及正確的撞擊日期——一九九四年七月十六日，密寫在一起。

一九九五年，美國五角大廈和航空太空總署（NASA）開始探索太空，尋找可能撞擊地球的小行星和彗星。負責「追蹤接近地球小行星」任務的美國政府科學家艾蘭諾・赫琳（Eleanor

Helin）博士說：「我們可能面對驚人的接觸。」

她估計至少有一千七百顆小行星和彗星的軌道和地球交會，它們可能都大到足以摧毀地球所有生命。撞擊的機率很小，可能每三十萬年才發生一次。但是，沒有人知道上次是什麼時候發生的，也沒有人知道下次撞擊何時會發生。

這個負責尋找「和地球交會的星體」的任務展開時，赫琳博士說：「想來令人不禁肅穆起來。這麼多年來，這些星體一直潛藏在那裏，只是我們從來沒有看過。」

導致恐龍滅絕的小行星落在

○ 史威夫特 ◇ 5886／2126 □ 在第七個月，它來

現在的墨西哥灣時，一場天火席捲整個北美洲，顯然把北美大陸所有的生物都滅絕一空。激起的砂石、灰塵和碎片衝進大氣層，包裹整個地球，遮天蔽日，造成世界性的生物滅絕。

估計地球上有三分之二的生物，無論是在地上走的，在空中飛的，或在水中游的，因爲這次從外太空來的撞擊而滅絕。我們或許是第一種能夠防止這種事的物種。

史威夫特-塔托第一次引發人類的緊張，隨後彗星撞擊木星事件更具體地彰顯了我們所面臨的危險。這時，科學家開始計畫如何防衛地球。

氫彈之父愛德華・泰勒（Edward Teller）說，我們可以用配備大型核子彈頭的火箭，把小行星擊落。

其他科學家建議，只要在彗星附近引爆核子裝置，應該就能溶解冰凍的氣體，引發類似火箭推進器噴出的噴射氣流，改變彗星和我們撞擊的路線。

甚至有一個計畫是要在任何衝向地球的巨大岩石上，降落一艘太空船，在上面附加火箭引擎，導引彗星或小行星飛離地球。

但這些都是未經試驗的計畫，頂多只是初步的計畫和公式，而且沒有人知道我們還有多少時間，還會遇上多少次警訊。

「可能只有幾天或幾週的時間。」馬斯登在史密松天文台的同事加利・威廉斯（Gareth Williams）說：「如果是一顆軌道很長的彗星，它的出現可能讓我們大吃一驚，也可能是我們完全不知道的彗星。」

在舒梅克-李維彗星撞上木星之前，我們甚至沒有任何有系統追蹤外太空岩石的行動。到現在爲止，我們也還沒有阻止外太空岩石衝向地球的明確計畫。

我會把它撕成碎片

聖經密碼警告說，某顆天體和地球相撞可能是眞正的危險。

密碼指出，在二一二六年史威夫特回來以前，會有一系列很接近的接觸。

和「彗星」清楚密寫在一起的第一個年份離現在只有十年——「五七七六」，也就是現代曆法的二〇〇六年。

和二〇〇六年交會的，是一句令人不寒而慄的話：「它的路徑衝擊他們的住處。」和年份重疊的警告最後還說，那是「像星星的物體」。

在二〇〇六年上方，有一句明白證實時間的文字：「爲世界預測的年份」。

其他可能的時間性也密寫在聖經裏：「五七七〇」和「五七七二」，即二〇一〇年和二〇一二年，都和「彗星」一起出現。

「恐怖的日子」和二〇一〇年相交，「黑暗」和「幽暗」在正下方跟「彗星」交會。

「地球毀滅」密寫在二〇一二年上方。

但是，在密寫二〇一二年的地方，也有一段話，說慘劇會被阻止，彗星會被阻擋：「它會被擊碎、趕走，我會把它撕成碎片，五七七二。」

這點很像擊中木星的彗星。舒梅克-李維彗星在撞擊木星前，碎裂成二十塊。但是，隨後這些碎片每天都撞擊木星，歷時一星期。

古猶太法典（Talmud）中有一則古老的故事，說一位國王生他兒子的氣，誓言要用一塊巨石打他兒子，後來國王後悔了，但是誓言不能收回，所以國王下令巨石碎裂成小石塊，然後一小塊一小塊地丟向他兒子。

這個寓言，放大來看就彷彿彗星撞擊木星的情

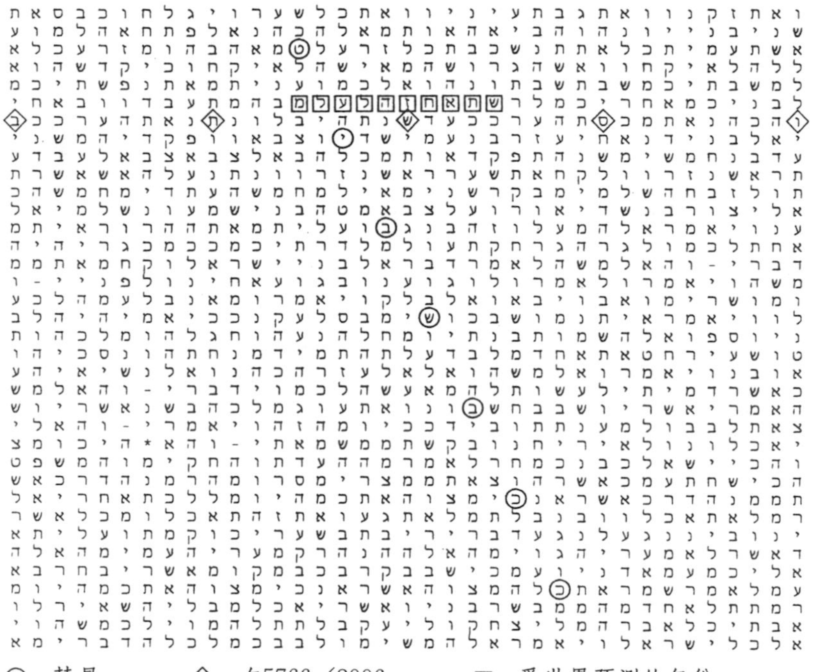

○ 彗星　◇ 在5766／2006　□ 爲世界預測的年份

景，可能也預示了地球人的命運。

回到可以計數的時間

有一種說法認爲，史前時代彗星撞擊地球的事件，可能啓發了聖經中末世啓示的故事。

「現有的研究顯示，過去七萬年內，至少有一次百億公噸威力的撞擊。」科學作家提摩太・費里斯（Timothy Ferris）在《紐約客》雜誌上寫道：「一次可怕的爆炸會遮蔽太陽，淹沒世界大部分地區，『硫磺的火湖』將浸透大地，加上其他災殃，從而釀成聖經預示的整個大災難。」

但是，在兩次大到足以毀滅

○ 彗星　◇ 在5772／2012　□ 地球毀滅

○ 彗星　□ 它會被擊碎，我會把它撕成碎片　◇ 2012

地球的撞擊之間，可能間隔上億年；在兩次大到足以摧毀一個國家的撞擊之間，可能相隔上百萬年；在兩次可能夷平一個城市的撞擊之間，可能相隔幾千年。

我發現這種宇宙災難密寫在聖經裏時，預示中可能引發世界大戰的「核子浩劫」和「以色列浩劫」，只不過是幾星期後就要發生的事了。

倒數計時可能即將結束，「末日決戰」的倒數計時可能即將結束了。

「08最後的啓示」

然而，從一九九六年底開始就可能發生的末日決戰，到現在還沒有發生。
聖經密碼似乎在自動更新資料，有「延後」的機能…
事情，有五種未來，五條道路。
到底，這是預言還是警訊？
一切都是命定？還是我們所做的將會決定結果？

一九九六年七月底我飛回以色列，距離聖經密碼預示的「核武浩劫」只有六個星期的時間。

在飛機上，我看到《耶路撒冷郵報》上報導，納坦雅胡總理即將動身前往約旦安曼，會見胡笙國王。

這件事也在聖經密碼的預言之中。納坦雅胡當選前一個禮拜，也就是這項訪問行程宣佈之前兩個月，我就發現，這項預言和有關他選舉勝利的預言密寫在同一個地方。

「七月去安曼」幾乎是以公開的方式呈現在密碼之中，就在「納坦雅胡總理」的左側。

現在這項新聞報導證實了他將走訪約旦，時間訂在一九九六年七月廿五日。

「我的天」，我對自己說，「這是真的。」

聖經密碼再一次證明確有其事。三千年前，它就已經預言一九九六年七月納坦雅胡會

訪問安曼。如果聖經密碼連這項預測都是正確的，如果聖經密碼連最小的細節都正確無誤，那麼，有關「核武浩劫」、「以色列浩劫」和「世界大戰」的預言，很可能也是眞的。

然而，在最後一刻，納坦雅胡的訪問突然延後。就在以色列領導人預定往訪安曼的前一天晚上，胡笙國王身體不適。納坦雅胡一直到八月五日才前往約旦訪問。

聖經密碼錯了嗎？「納坦雅胡總理」的確「去安曼」了，就如同三千年前所預言的。不過他並沒有像聖經密碼所說的，在七月的時候去。

我去找芮普斯，問他聖經密碼的運作方式是不是跟量子物理學一樣。如果是這樣的話，它就不可能同時告訴我們將發生什麼事情跟發生的時間。測不準原理說得很清楚，事情測量得越清楚，則時間方面的測量就越不準確。正因爲如此，所以量子動力學預測出來的不是一種可能性，而是多種可能發生的未來。

芮普斯並沒有訴諸測不準原理。他只是指著聖經密碼中「七月去安曼」正上方的字：「延後」。

聖經密碼會不會準確地預言將發生什麼事情，卻把發生的時間弄錯？這個問題對於可能在幾個星期內發生的「末日決戰」而言，顯得特別的要緊。

可能改變的未來

聖經密碼預言，猶太年五七五六年會發生「核武浩劫」。一直到這一年的最後一天，也就是一九九六年九月十三日，我都和以色列領袖保持密切連繫。

密碼預言「以色列浩劫」會發生的時間之前三天，我和以色列總理的國家安全顧問戈德 (Dore Gold) 在紐約會面。次日，我和以色列情報組織「穆沙德」首長雅托姆做最後通訊，雅托姆將軍傳話回來說，以色列情報單位正加強警戒。

不過，一九九六年九月十三日那天什麼事也沒有發生。核武攻擊沒有出現。希伯來曆五七五六年來了又去，以色列和全世界都沒事。

我鬆了一口氣，但覺得很困惑。聖經密碼錯了嗎？抑或這危險是真實的，只是延後了？整個週末我都在想這件事。到了星期一，我發了傳眞給雅托姆。我說：

「就再講這一次，以後我不再幹這種

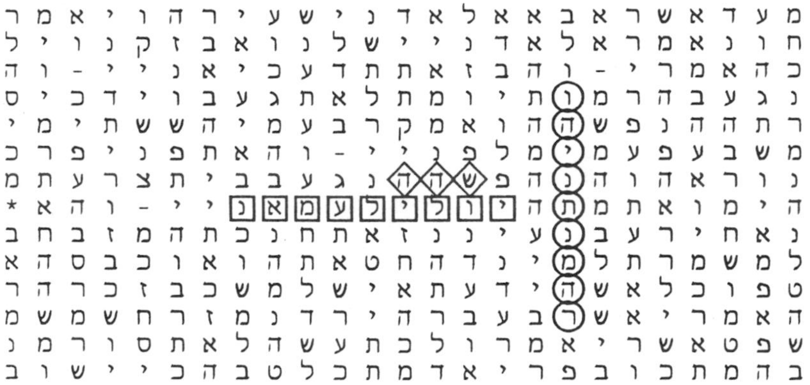

○ 納坦雅胡總理　□ 七月去安曼　◇ 延後

算命的事了。」

「五七五六年最後幾天發生核武攻擊的預言，顯然不是斷言，而是一個機率，但沒有發生。不過，我的感覺是，危險還沒有過去。」

「有幾次我們看到事情如預言般發生，但並沒有在預言的時間發生。請你繼續注意這件預言，因爲這幾乎可以確定是眞正的危險。」

我不能確定這項危險是眞的，但是現在我有證據說，未來並不是註定的，而是可能會有變動的。

終於，拉賓遇刺帶來的問題，有了一個答案。這個問題正是愛因斯坦和霍金辯論的問題，也是我警告裴瑞斯說有核武攻擊威脅時他問的問題——「若眞如預言，我們又能怎麼辦？」

未來密寫在聖經之中。拉賓遇刺和波斯灣戰爭已證明這一點。但未來不是命定的，而是一連串的可能性，是可能加以改變的。

如前所述，拼出五七五六年的那些字母，也拼寫出一個問題——「你會改變它嗎？」現在，這個問題已經得到解答。

以色列人在得知聖經密碼的警告後，是不是因爲在預言發生核武攻擊的時機保持警戒，而避過了預言中的危險呢？

裴瑞斯總理是不是因爲在會見我的三天之後公開發出警告，而阻止了一次恐怖活動攻擊呢？

或者，就像納坦雅胡最後一刻延後約旦外交訪問行程一樣，這樣的改變純屬偶然？

蝴蝶效應

延後那一次外交行程，納坦雅胡可能已救了自己一命。

「死亡，七月去安曼」，這些字和他的名字相交。「延後」則出現在正上方。「延後」除了和「納坦雅胡總理」會合外，還另外出現兩次，一次和「他將魂斷命喪」相疊，另一次和「被謀殺」相交。

納坦雅胡救了自己的命，同時可能也避免了，或延遲了一次戰爭。

「下次戰爭」密寫在另一則預言的附近：「會在總理死亡之後（另一個會死）」。事實上，整句暗文是說：「另一個會死，阿伏月」。阿伏是希伯來曆法的月份，相當於今曆的七

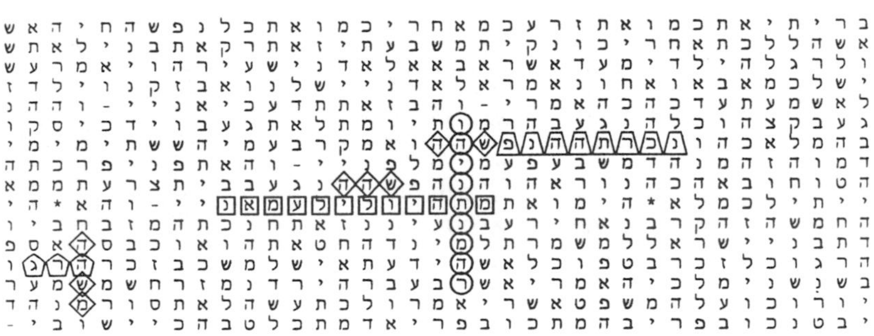

○ 納坦雅胡總理

□ 死亡，七月去安曼

◇ 延後

⏢ 他將魂斷命喪

◇ 延後

⬠ 遇害

◇ 延後

○ 下次戰爭　　□ 另一個會死，阿伏月，總理

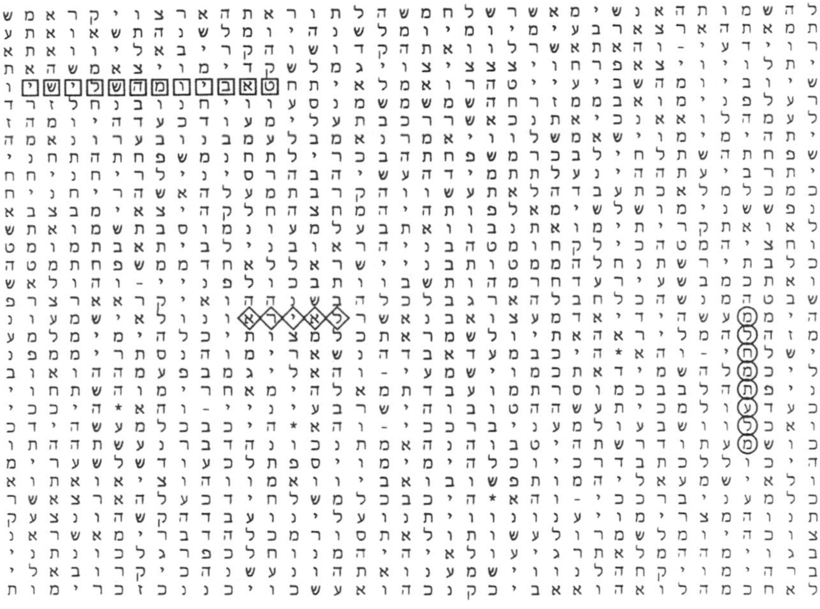

○ 世界大戰　◇ 亞利依勒／耶路撒冷　□ 阿伏月第9日是第三個的日子

月。

納坦雅胡延後到約旦的行程，可能已經阻止了一場中東戰爭，進而避免了全球性的衝突。聖經明文和密碼都預測「終末戰爭」、「世界大戰」將從以色列開始。所以，有可能因爲一次行程的突然取消，我們至少暫時避開了一次全球性衝突。

眞的會因爲訪問行程延遲了十天這樣小小的改變，而造成這麼大的差別嗎？如果這次延期避免了一項暗殺行動，那麼就有可能有這麼大的差別。

第一次世界大戰就是因爲暗殺事件而引爆的。奧地利王儲費迪南大公於一九一四年六月遇刺身亡，引發了一場衝突。幾個星期內，這場衝突橫掃了全歐洲和俄羅斯，最後連美國都捲入戰爭。

美國公共電視網（PBS）的一部紀錄片，在探討第一次世界大戰的直接原因時指出：「大公的車夫轉錯了一個彎，將奧地利王位繼承人帶到（刺客）賈里洛·普林西波（Gavrilo Princip）的面前。電光火石之間，整個大陸即刻陷入戰爭之中。」

在局勢已經夠緊張的中東地區，如果在一年內發生第二件以色列總理遇刺事件，而且是發生在阿拉伯國家的首都，不難想像會引爆戰爭。如果中東爆發全面戰爭，戰火可能很快就會擴散到全世界。

物理學家將這種現象稱爲「蝴蝶效應」。這是混沌理論（Chaos Theory）中的基本概念。葛雷易克（James Gleick）在他的書《混沌》中，提及「蝴蝶效應」時說：「今天北京一隻蝴蝶擺動翅膀搧動空氣，可能在下個月改變紐約的風暴系統。」

納坦雅胡只不過延後十天去約旦，是不是就已經停止了末日決戰的倒數計時呢？

不祥的日子

聖經密碼中,就在「世界大戰」的上面,有一個日期：「阿伏月第九日是第三個的日子」。古希伯來曆五七五六年阿伏月第九日，正是納坦雅胡預定到約旦的日期，一九九六年七月廿五日。

在猶太人歷史中，阿伏月第九日是個大不吉的日子。公元前五八六年這一天，耶路撒冷爲巴比倫人所毀。公元七〇年的這一天，耶路撒冷又爲羅馬人所毀。

在整個歷史上，阿伏月第九日這一天有連串的災厄發生在猶太人身上。信仰虔誠的人很怕這個日子，他們會在這一天齋戒祈禱，祈求災難不要發生。

現在聖經密碼中說,「阿伏月第九日」可能爆發第三次世界大戰,耶路撒冷可能遭到核武攻擊，聖城可能第三次毀滅。

耶路撒冷的古名叫「亞利伊勒」。聖經中提出末日警告時，用的就是這個名字。而這個古名，事實上剛好密寫在「世界大戰」和「阿伏月第九日是第三個的日子」之間。

不過納坦雅胡並沒有按照原定計畫於阿伏月第九日到安曼。「延後」再次密寫在這個日期和總理的名字旁邊。

事實上，「比比」和「延後」都和「五七五六年阿伏月第九日」密寫在一起。在同一段文字中，還包括了這樣的暗文，「五種未來，五條道路」。

這是在很明白地說，未來已經有所改變。這似乎也是在明白地指出，未來有很多可能性，聖經密碼會顯現每一種可能性。

預言下的自由意志

爲什麼聖經密碼不乾脆告訴我們最終的結果，眞正發生的那個未來？

古猶太法典指出：「每件事都預先看到了，但也提供了行動的自由。」

近兩千年來，先聖先賢一直在辯論這個明顯弔詭的問題：如果上帝預知一切，人類如何能有自由意志？

聖經密碼讓這個問題對現代的世界而言更加眞切。這迫使我們必須問裴瑞斯總理所問的同一個問題——「如果一切已在預言之中，那我們還能夠做什麼？」

我告訴這位以色列領導人：「這是警訊而不是預言，我們所做的將會決定結果。」

我說這些時，試圖出以完全自信的口吻——因爲我希望自己這樣子相信，我希望他也能相信。不過，後來我還是與芮普斯討論了這項明顯的弔詭。

「我不知道已經預示的能不能改變。」芮普斯說：「這個問題我想了很久。有一度我以爲自己知道答案，但現在我眞的不知道。」

○ 5756，阿伏月9日／1996，7月25日

◇ 比比　△ 延後　□ 五種未來，五條道路

我告訴芮普斯，我覺得猶太法典上的名句可以有兩種解釋。首先，我們有自由意志，但上帝似乎早就知道我們會做什麼選擇。第二種解釋是，儘管上帝已經預見整個未來，但我們仍有可能加以改變。

「我無法接受我們可以改變上帝預見之未來的說法，」芮普斯說：「因爲上帝也已事先知道我們要做的所有改變。」

「我以前認爲我們的未來完全爲上帝所預見，就是這樣。」芮普斯繼續說道：「不過聖經密碼讓我了解，還有另外一種可能性存在——上帝已預見我們所有可能的未來，我們只不過是在這些可能性當中做選擇。」

因此之故，「七月去安曼」和「延後」都密寫在經文之中。因此之故，一九九六年與「核武浩劫」密寫在一起，同時這項危險也和若干其他年份密寫在一起。因此之故，拼寫出猶太曆法五七五六年的字母，同時也提出一個問題：「你會改變它嗎？」

爲什麼聖經密碼不乾脆只寫出一個確定的未來呢？答案似乎是，並沒有一個確定的未來，而是有很多種可能的未來。

一再延後的末日

「延後」出現在聖經中，也出現在聖經密碼中。

這個字眼與「以色列浩劫」寫在一起，也和「納坦雅胡總理」寫在一起。

「以色列浩劫」和二〇〇〇年密寫在一起，也和一九九六年密寫在一起。「你延後」這樣的字眼也出現在同一個地方。密寫「五七五六」的字母同時提出一個問題，「你會改變它嗎？」聖經密碼從拼出「五七六〇」的同一個起首字母開始，提供了答案，「你延後」。

「延後」和「災禍之年」寫在一起。「以色列和日本」則與這些字相交。整個密碼串起來便是：「他們延後了災禍之年」。

「延後」和「世界大戰」密寫在一起。暗藏二〇〇〇年和二〇〇六年的地方，也密寫了「我將延後戰爭」。

「延後」甚至和「末日」寫在一起。

每次聖經明文出現「末日」，暗文便出現「延後」。

在《創世記》第四十九章第一至第二節，雅各告訴他的幾個兒子，他們在「末日」會遭

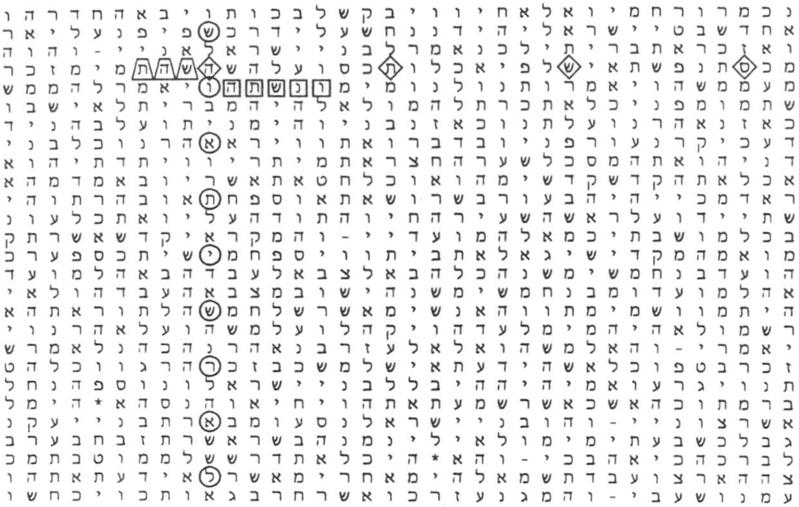

○ 以色列浩劫

□ 5756／1996＝你會改變它嗎

◇ 5760／2000　　⏢ 你延後

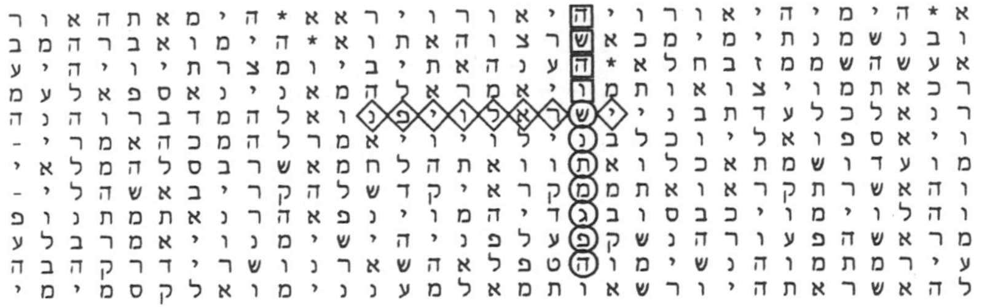

□ 他們延後　　○ 災禍之年　　◇ 以色列與日本

遇到哪些事情。「延後」就藏在這位大家長的名字之中。在希伯來文裏，「雅各」這個名字，也有「他將阻止」和「他將延後」的意思。

那麼，這末日到底是被「阻止」了呢？還是只是被「延後」了？

在摩西告訴古代以色列人「末日」會發生什麼事的那段經文中，暗文似乎也在說「延後」。

在《申命記》第三十一章第二十九節，摩西警告說：「日後必有禍患臨到你們。」這句話的前面有暗文寫著：「你們知道會延後」。

在《民數記》第二十四章第十四節，巫師巴蘭預言日後情況的地方，經文同時密寫了「核武浩劫」和「世界大戰」，但又有「朋友延後」的暗文。

○ 世界大戰　□ 在終末的日子　◇ 朋友延後

「朋友延後」與「火震動國家」重疊。同一節經文的暗文也說：「我將告訴你是什麼事」和「我將告訴你是什麼時候」。

這裏並沒有說明「朋友」是什麼人，但看起來可能就是將密碼寫入聖經的人。

等所謂「延後」結束之後，「末日」到底會不會到來，這裏也還不大清楚。不過有件事是很清楚的——「延後」密寫在所有「末日」的明文預言中。

根據密碼，末日決戰並未免除，只是延後而已。

聖殿山下的隧道

況且，聖經密碼中有很多跡象顯示，「延後」的時間可能非常短暫。

「納坦雅胡總理」密寫在今年「五七五七年」附近。從一九九六年九月開始到一九九七年十月結束的這個希伯來年，也很清楚地與巴勒斯坦領袖「阿拉法特」密寫在一起。

這一年才開始兩個星期，以色列的緊張情勢即再度爆發。

一九九六年九月二十五日星期三，以色列爆發公然的武裝衝突。連續三天，巴勒斯坦警察和以色列軍人發生衝突，以色列軍方用武裝直昇機反擊，同時也將坦克車開入約旦河西岸，這是一九六七年六日戰爭以來的第一次。

死亡人數高達七十三人，數以百計的人受傷。

最令人印象深刻的是戰鬥發生的速度非常快，以色列表面上的和平，冷不防地就變成互相掃射的戰事。

我打電話給芮普斯。「我的判斷是現在爆發戰爭的可能性非常大，」芮普斯說：「我現在不是以數學家的身分來講這件事，也不是根據聖經密碼來預言。我單純是以一個觀察到武裝衝突的以色列人身分來判斷。」

引發暴力衝突的直接原因，是爲了打開耶路撒冷聖殿山下的隧道。聖殿山同時是猶太人最神聖的神廟遺跡——哭牆，以及回教第三聖殿——「石院」（the Dome of the Rock）的所在地。

我很意外地在密碼中發現，「隧道」出現在「以色列浩劫」的附近。

更讓我吃驚的是，我在察看「核武浩劫」的時候，發現約旦河西岸最先爆發武裝衝突的地名「拉馬拉」（Ramallah）和「核武」相交。整句暗文寫的是：「拉馬拉實現了一項預言」。

再一次，聖經密碼似乎自動在更新資料，甚至像是編寫密碼的人正密切注意著時時在改變的中東事務。一個地名密寫在另一個地名上面，一個危機密寫在另一個危機上，一個年份密寫在另一個年份上。結果最後根本沒有辦法確定，到底眞正的危險會發生在一九九六年或一九九七年，或是二〇〇〇年，或是更久以後。

不過，整體的危機在密碼之中確實是很明確地呈現出來了，也很明確地與當前這個時間有所關聯。毫無疑問的，密碼是在描述目前以阿衝突當中的人、地、事。

我再察看一次密寫「以色列浩劫」的地方。其中「兼併」一詞在同一個地方出現兩次，

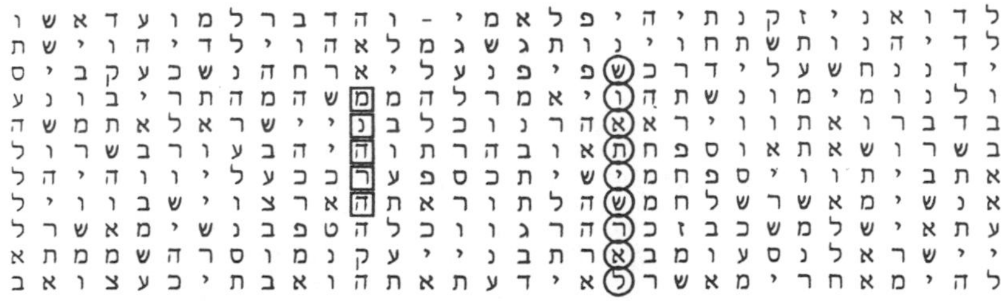

○ 以色列浩劫　　□ 隧道

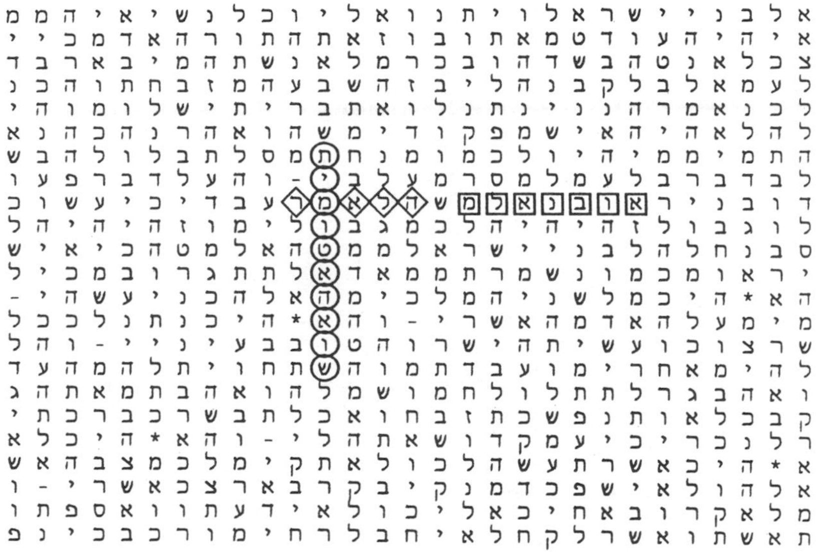

○ 核武浩劫　　◇ 拉馬拉　　□ 實現一則預言

這種機率是非常小的。以色列用這個詞指稱一九六七年從阿拉伯人手中奪取的兩塊土地：俯視敍利亞的戈蘭高地和東耶路撒冷。這兩個地方是現代中東地區的兩大衝突點。

「阿拉法特」也出現在聖經的暗文中，和兩個「末日」密寫在同一個地方。這不可能只是偶然。如果說目前中東衝突情勢眞的會演變成末日決戰，這恐怕是最清楚地指明這種可能性的地方。

「這是解經書密德拉許裏面說的東西，」芮普斯說。

○ 以色列浩劫　□ 兼併

○ 末後之日　□ 在終末的日子　◇ 阿拉法特

密德拉許是古代的聖經註解。芮普斯表示：「這或許就是在『末日』之前的『以實瑪利放逐』。有些密德拉許指出，在阿拉伯人統治的某一段期間，百分之八十的以色列人口會遭殺害。」

我們兩人都沈默了一會兒。「這可能是就是你要在密碼裏尋找的東西，」芮普斯說。

這之前我並不知道有這樣的古代預言。以實瑪利是大家長亞伯拉罕的長子，亞伯拉罕將他遣送到遠方。根據聖經的說法，以實瑪利是所有阿拉伯人的祖先。亞伯拉罕的次子以撒則是他的繼承人，也是所有猶太人的祖先。這個家庭紛爭已經持續了四千年，而根據預言，將會有個悲慘的結局。

一九九七年一月，納坦雅胡和阿拉法特的確握了手。他們達成協議，同意共同治理希伯崙，並就未來範圍更廣泛的和解訂定了時間表。據傳希布伯崙就是亞伯拉罕埋葬的地方。但是，最困難的問題，也就是耶路撒冷的最終地位問題，仍然未能解決。以色列和巴勒斯坦雙方都主張耶路撒冷是他們的首都。納坦雅胡和阿拉法特兩人一月十五日凌晨三點不自然的握手，到底會帶來眞正的和平，或是新一波暴力衝突，現在還沒有辦法知道。

一九九七年三月，和平進程開始動搖。阿拉法特對以色列撤出佔領區的安排有意見。納坦雅胡則宣佈，要在東耶路撒冷市中心興建猶太人社區。而東耶路撒冷正是巴勒斯坦人夢想建國後的首都。

緊張情勢開始升高之際，約旦國王胡笙寫信給納坦雅胡說：「我最感到悲哀的現實，就是在實現神的意志——也就是亞伯拉罕所有後代子孫最終和解——的努力過程中，我發現你並不在我身邊。」

三月廿一日，特拉維夫、耶路撒冷、希伯崙都爆發了暴力事件。特拉維夫一家咖啡店的巴勒斯坦人自殺炸彈攻擊事件，造成三個人死亡，四十個人受傷。這是納坦雅胡當選總理以來首次出現恐怖攻擊行動。同一天，希伯崙和阿拉伯人居住的東耶路撒冷猶太人社區興建地點哈爾侯瑪（Har Homa），都發生了暴動。

「哈爾侯瑪」密寫在聖經最神聖的經文裏，出現在「門楣聖卷」之中。「門楣聖卷」，如前所述，是另卷保存的十五節經文，以色列每戶人家的門口都會貼上一張。

和「哈爾侯瑪」密寫在一起的，是一句很不吉利的話：「他的人民全在打仗」。

聖經密碼中「他的人民全在打仗」這幾個字，我們最初是在預言拉賓遇刺的暗文中看到。接著，我們在發現預示拉賓和阿拉法特建構的和平遭到破壞，耶路撒冷和特拉維夫發生一連串爆炸事件的暗文時，又一次遇到這句話。一九九六年九月和一九九七年三月，「他的人民全在打仗」再度成爲事實。這句話也和最終的危險「核武浩劫」一起出現。

聖經密碼對每個可能引發浩劫的事件都有所預言。但在每次危機結束之前，我們沒有辦法知道，這是四千年紛爭中的又一次小風波，還是末日決戰的開始。

同時預見一切

或許，要同時知道會發生什麼事跟什麼時間會發生，根本就是不可能的事。

頂尖物理學家費曼（Richard P. Feynman）說：「物理學已經放棄了。」費曼是諾貝爾物理學獎得主，很多人認爲他是愛因斯坦以降最偉大的物理學家。他說：「我們沒有辦法知道在特定情境下會發生什麼事。我們唯一可以預測的，是不同事件發生的可能性。我們只能預測或然率。」

不過，量子物理學是科學中極爲成功的一支。量子物理學確實有效，而這或許正是因爲量子物理學承認，不確定性是現實的一部分。

同樣的，聖經密碼確實有效，而這或許也是因爲它承認不確定性是現實的一部分。

「我們的世界淸楚地映現在其中，」芮普斯說：「就好像我們在看鏡子一樣。我們努力想要預知未來和預先做些準備，都會對未來產生若干影響。我想，這是非常複雜的事情，也是很有互動關係的事情。」

芮普斯表示，他在電腦上工作，搜尋密碼中的訊息時，有時候會感覺好像有另外一個人在和他做線上溝通。

「聖經密碼不是眞的現在就有所回應，」他解釋說：「而是在事前一次就預見了所有的事情。」

根據芮普斯的說法，整部聖經密碼是在一瞬間一次寫成的。「看聖經密碼就像在看全像攝影——從不同的角度看，看起來就不一樣。不過，那影像當然是早就印上去的。」

這是提早三千多年就預先記錄好的人類歷史。這部歷史並不是按照順序講人類的故事，而是一次同時講完。現代的事件和古代的事件重疊在一起。未來就密寫在敍述古代聖經故事的章節裏。聖經的一個章節，可能同時包含了當時的故事、現在的故事，以及一百年後的故事。

「問題在於我們怎麼解讀它，」芮普斯說：「很淸楚的，它不是隨機任意安排的。但它有如一份情報報告，我們在每二十個字中才看懂一個字。」

一如往常，芮普斯的態度很謹愼。「這是更高智慧的產物，」他說：「或許希望我們了解，或許並不希望我們了解。除非有我們有資格知道，否則密碼可能根本不會爲我們揭示未來的面貌。」

我不同意這種看法。如果這個世界眞的有危險，我們是不是具備資格有什麼要緊。寫密碼的人如果是好人，就一定會警告我們。

說到底，我們之間始終有一道鴻溝。芮普斯虔信宗教，我不是。對我來講，永遠都有一個問題存在——誰寫了聖經密碼，他的動機是什麼，他現在在哪裏？

對芮普斯而言，他一直都有一個答案——上帝。

倒過來的時間

在五年調查的最後階段，我確信自己已找到最後的證據，足以證明聖經密碼本身是眞的。我也找到了令人不寒而慄的證據，知道一九九六年這個世界發生大災難的機率比我們所知道的大得多。

在一九九六年，我們很驚險地避過了大災難。這事清楚地記載在《以賽亞書》的明文裏。《以賽亞書》是聖經的第一部預言書，完好地保存在死海經卷中。它好像已經明白地預示了耶路撒冷將遭受核武攻擊。

這項預言並非隱藏在密碼裏，而是用明明白白的話寫在有二千五百年歷史的死海經卷中。

在極其獨特的一節經文中，我們看到了這個年份。這節經文是以逆反的時序預示未來。爲我指出這節經文的，是古希伯來文經文最權威翻譯者亞丁・史坦夏爾茲（Adin Steinsaltz）拉比。《時代》雜誌稱他爲「千年一見的學者」。

我初次聽說有聖經密碼這一回事時，就去找史坦夏爾茲。這位拉比同時也是科學家。關於聖經裏有密碼能夠預示未來，預言聖經寫成後數千年才發生的事件，詳述尚未存在的未來的細節，我想要知道他的看法。

「在聖經裏，時間是倒過來的。」史坦夏爾茲指出，舊約聖經的希伯來文原文中，有個很奇怪的地方。「未來都是用過去式寫的，過去都是用未來式寫的。」

「爲什麼?」我問。

「沒有人知道，」他回答說。

「也許我們是逆著時間之流移動的，」史坦夏爾茲表示。他並提醒我，物理定律具有「時

□ 他們說明後來的事　○ 5756／1996（倒過來讀）

間的對稱性」，在向前移動的同時，也在向後移動。

他翻開聖經，找到出自最早的預言家以賽亞之手的一節經文。「瞧，《以賽亞書》在這裏說道，要看到未來，就要先看看過去，」他說。

「《以賽亞書》說，『說明後來的事』。這句話也可以翻譯爲『他們以逆反的順序說出未來』，」他說。

「事實上，你還可以將同樣這句話翻譯爲『倒著看這些字母』，就好像映現在鏡中的字。」

我就倒過頭來看這些字母，但並沒有發現有什麼驚人的啓示。一直到數年後，我發現《以賽亞書》似乎預言了核武攻擊，我才再一次倒著讀同一處經文。

《以賽亞書》第四十一章第二十三節指出：「說明後來的事……使我們驚奇，一同觀看。」我把這些字母倒過來看，以相反的順序解讀未來，結果我看到逆序的字母拼出一個年份「五七五六」。

這沒有暗藏在密碼裏，而是一向以來就明明白白地寫在明文裏。

□ 他們以逆反的順序說出未來　○ 5756／1996（倒過來讀）

◇ 他們改變了時間（倒過來讀）

在「以逆反的順序說出未來」的，有二千五百年歷史的經文中，早已很明白地指出一九九六這個年份，也就是有「核武浩劫」危機的這一年。

連危機延後的訊息也在其中。

和「五七五六」重疊的經文反過來讀，正是「他們改變了時間」。

拼出「五七五六」的這些希伯來文字母所提的問題——「你會改變它嗎？」已經在這最古老的預言書中得到明確的答案。

答案就在反過來讀經文時就可以明白看到的話——「你會改變它」。

兩千多年前，在這第一部預言書裏，第一位預言家以賽亞預告了發生末日決戰的年份，一九九六年，同時也預告了發生時間會延後。

但是還有一個問題沒有答案——會延後到什麼時候？

有人刻意將訊息放進聖經中

我最後一次去見芮普斯，是在一九九七年的新年前夕。我們再一次看統計數字，覆核與預言書所有事件關係最密切的兩個年份的機率。

二〇〇〇年和二〇〇六年，古代曆法的五七六〇和五七六六年，是往後一百年間同時與「核武浩劫」和「世界大戰」相會的唯一兩個年份。密碼所預示的所有危機——「末日」、「以色列浩劫」，甚至「大地震」——也都跟「五七六六」相會。芮普斯計算了機率，發現至少是千分之一。

「這是非常特別的事情，眞的很令人驚訝，」芮普斯說：「有人刻意將這項訊息放進摩西五書之中。」

這一部分是很淸楚的。但我們兩個人都不知道，危機是不是眞的存在。我跟芮普斯說，我無法完全相信這件事，因爲我仍然無法接受聖經明文的預言，我仍然無法接受眞的有末日。

「如果你接受摩西五書中的暗文，」芮普斯說：「那麼你就應該接受明文明白指出的東西。」

他講的是有道理。無疑地，用電腦解讀的密碼，足以支持聖經明文中的預言。不過對我而言，這其中還是有所差別。我看到有一邊的預言實現了，但另一邊是否爲眞還沒有看到。

「拉賓遇刺那天開始，我相信聖經密碼是眞的，」我解釋道，不禁回想起當時那一刻。

「當時我正在火車站，靠著牆壁，用公共電話跟一個朋友談話。突然他打斷說：『等一下，我要聽有關拉賓的新聞。』那天我整天在外面，什麼事也沒有聽說，但那時我立刻就知道，預言已經實現，拉賓死了。」

「我沿著牆壁滑下去，一直滑到地板上。我說，跟我自己說，但是說得很大聲：『噢，天啊，是眞的。』」

芮普斯說他了解。「波斯灣戰爭第二天，飛毛腿飛彈打到以色列，我自己就是這樣的感覺，完全應驗了我們三個星期前在聖經密碼中發現的預言。」他說。

「我和家人一起躲在一間密封的房間裏。我的太太、五個小孩，全部都戴著防毒面具。我們聽到外面響起空襲警報的聲音。那是舍巴特月第三天，一九九一年一月十八日的凌晨二時。密碼裏面已經寫了是這一天。」

「我知道飛彈在向我們飛來，我們聽說特拉維夫已經被擊中。我唯一想到的，就是『應驗了，密碼應驗了』。」

波斯灣戰爭爆發時，芮普斯研究聖經密碼已有六年之久。波斯灣戰爭一如預言爆發，也在所預言的時間爆發。但直到飛毛腿飛彈攻擊以色列那天晚上，他才完全相信預言是眞的。這和我在拉賓如預言遇刺，且在預言時間遇刺，我才完全相信是一樣的。

「以前我相信是因爲我是數學家，」芮普斯說：「但這一回是相當不一樣的角度。躲在密閉的房間裏等待飛彈攻擊，這種時候感到愉悅是有點奇怪。」

另一位科學家也曾告訴我，他發現所有地球上的生命可能都註定要毀滅的時候，也有類似的複雜感受。佘里・羅蘭（Sherry Rowland）發現了臭氧層遭人造化學物質破壞。我第一次報導他啓示錄般的警告時，人家還在笑他是胡思亂想的人，大家都叫他「膽小鬼」。現在，我想起他跟我說過他的警告獲得證實和贏得諾貝爾獎時的感受。

「沒有什麼發現的喜悅！眞的！」羅蘭說：「有天晚上，我回到家，跟我太太說，『研究工作進行得非常順利，但看起來像是世界末日。』」

現在，在耶路撒冷的新年前夕，在聖經密碼警告會成爲核武攻擊目標的城市裏，在這場核武攻擊可能引發眞正的末日決戰的情況下，我向芮普斯說這個故事，我們兩個人都笑了。但是我不能忘記，依據聖經密碼，在十年內，以色列的一場「核武浩劫」可能引發第三次「世界大戰」，我們可能都已經處於眞正的「末日」裏。

密碼將會解救

電腦解讀出來的聖經密碼已經獲得幾位世界最著名數學家的證實，精確地預言了波斯灣戰爭、彗星撞木星、拉賓遇刺。它似乎同時也指出，末日啓示現在已經開始，在十年內我們會看到眞正的末日決戰，一次核武世界大戰。這項明白的事實，不容我們忽視。

不過，聖經密碼不只是警訊。它或許也是我們所需要的資訊，可用來避免預言中的災難。「密碼將會解救」出現在「核武浩劫」的上方，就在「末日」的下面。

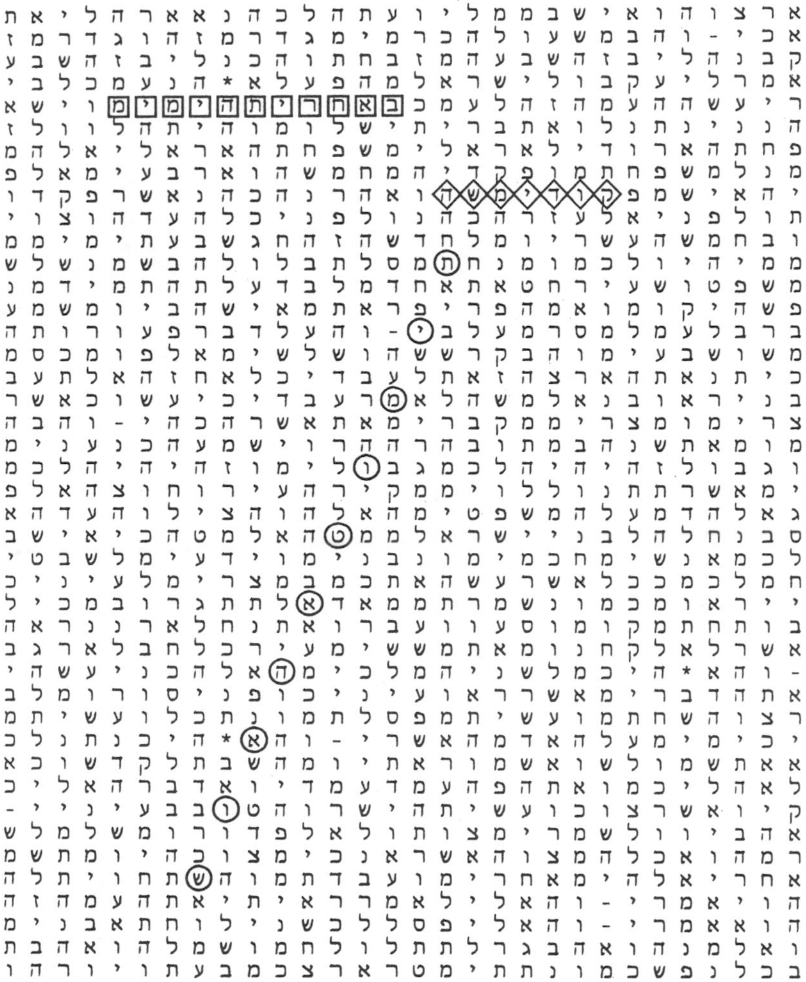

○ 核武浩劫　　□ 在終末的日子　　◇ 密碼將會解救

這不是由神將會出面救贖的許諾。這也不是劫數無可避免的威脅。這只是一些情報。聖經密碼要傳達的訊息，是我們將自我救贖。

到最後，我們所做的將會決定結局。因此，我們仍待在我們一直以來都在的地方，只是有一個很大的不同——我們現在知道，我們並不孤單。

尾聲

記者一般是報導已經發生的事情，而不是還沒有發生的事情。

「通常，人總要先等事情發生，再嘗試去描述發生的是什麼事，」薛爾在他那本有關核子威脅的書《地球的命運》中寫道：「但由於我們在任何情況下都負擔不起一次浩劫發生，這一次我們被迫做未來的歷史學家。」

在拉賓遇刺後的幾天，我雖然很不情願，卻也只能得到相同的結論。

拉賓遇刺後的有一天深夜，那時聖經密碼的眞實性已經不容置疑，我告訴芮普斯：「我知道你為什麼捲入這件事。你是數學家，信仰又很虔誠，而且你每天都讀聖經。」

「但我不曉得為什麼我也捲入這件事。我不是信仰虔誠的人，我甚至不信上帝。我全然是個懷疑論者。要說服我相信這件事是眞的，要比說服其他任何人都難。」

「所以你會捲入這件事，」芮普斯說：「因為你可以把聖經密碼的事講給這個現代世界聽。」

「我只是一個恰巧碰到這件事的記者。」我回答說。

不過，就在聖經密碼變成攸關生死之現實的那一刻，我們發現密碼同時也預示了以色列會發生「核武浩劫」，而且這次核武攻擊可能引發第一次核武「世界大戰」。

我覺得，我必須去警告裴瑞斯和納坦雅胡，讓他們知道密碼似乎在預言會有一次核武攻擊，就跟以前我警告拉賓說，密碼預言有人要暗殺他一樣。

我想都沒有想過，後來我會去追究眞正的天啓默示的細節。我想都沒有想過，聖經中會將「末日」和今年密寫在一起。我想都沒有想過，聖經中長久以來廣爲人知的預言——末日決戰，可能會是眞的。

我一輩子都是個記者。一開始我跑的是警察局。對於現實，我一直都抱持非常實際的看法。因此，我決心用處理其他新聞的相同方式來處理這件新聞。

我遭遇兩個難題。一個是我無法面對面訪問寫密碼的人。第二個難題是，我沒有辦法查證未來的事實。

聖經密碼會不會只是千禧年熱潮中的一則科學註脚？還是它剛好及時警告我們，有個很可能發生的危機？這是沒有人知道的事。

聖經密碼可能既不是「正確的」，也不是「錯誤的」。密碼要告訴我們的，可能是「什麼事可能發生」，而不是「什麼事會發生」。

不過，因爲我們不能讓我們的世界毀滅掉，我們不能什麼事都不做，只是在那裏等待——我們必須假定，聖經密碼裏頭的警告是眞的。

各章註解

芮普斯博士只針對《創世記》做過對照實驗，但我們陸續發現，摩西五書其它各書亦詳載現代大事。舉例而言，拉賓遇刺就是密載在《民數記》和《申命記》裏。

「若是我們已證實存在於《創世記》的密碼，居然會不存在於摩西五書另外幾書中，才是出人意表呢，」芮普斯說道。

他也認爲，舊約聖經其他各書，如《但以理書》和《以賽亞書》，可能也暗藏密碼。彗星撞木星的日期，亦事先發現且密載於《以賽亞書》中。

聖經密碼本身似乎也在證明，舊約全書皆有密碼。密碼中說「他密寫摩西五書等」，顯示不但是前五書，後面的經文裏起碼有些是暗藏資訊的。

誠然，最明顯的就是使用代表舊約全書的“Tanakh”這個希伯來文，表示「聖經密碼」。“Tanakh”其實是一個希伯來離合字的前幾個字母，意指舊約三要素：律法、先知和經文。跟「聖經密碼」相交的暗文說：「在上帝前封存」，明顯地指出聖經密碼是「封印之書」，是聖經明文預見的祕密啓示。

芮普斯以標準希伯來文版的《創世記》經文“*Textus Receptus*”做實驗。聖經密碼電腦

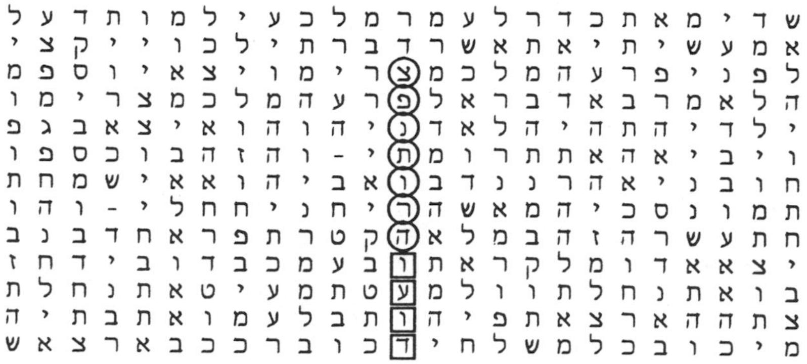

○ 聖經密碼（摩西五書） □ 他密寫摩西五書等

○ 聖經密碼 (TANAKH) □ 在上帝前封存

程式所用的，也是這份經文的全文。

最著名的聖經版本《耶路撒冷聖經》(*Jerusalem Bible*, Koren Publishing Co., 1992)，也包含最爲世人接受的舊約英譯本，是本書所引用的明文的主要來源，但我有時候也會參考和使用有些學者頗爲偏愛的，由卡普蘭所著的《摩西五書今解》(*The Living Torah*, *Maznaim*, 1981)。

新約的引文主要出自《英王欽定版》(King James Version)，但我有時也會參考《新國際版》(New International Version) 現代譯本。

書中引用的芮普斯的說法，來自我跟他在這五年間無數的交談，地點主要在他耶路撒冷的寓所、希伯來大學和哥倫比亞大學辦公室，以及數百次電話訪問。

第一章

一九九四年九月一日晚上，古里跟我見過面後，立即打電話到拉賓總理辦公室，第二天早上，總理的司機過來拿我提醒他暗殺事件的信函，轉交給拉賓。古里曾榮獲以色列兩大文學獎：比亞里克獎和以色列文學獎，跟拉賓是總角之交，一直是總理最親近的朋友之一。

二十六歲正統教派猶太青年艾米爾，於一九九五年十一月四日在特拉維夫參加政治集會後，向拉賓開了三槍，兩槍擊中拉賓。他後來表示，是上帝授命他下手，因爲拉賓要把上帝賜給以色列的土地拱手讓人。

相當於公元一九九五年九月至九六年九月的「五七五六」猶太年，與「拉賓遇刺」和「特拉維夫」相交。密載於聖經中的年份，係出自從聖經時代始的古猶太曆，比現代曆法早了三千七百六十年。

除了古里之外，還有兩個人知道，我在事發前就已發現聖經密碼預言拉賓遇刺，並曾提醒拉賓總理。我初次發現密碼預言後，曾向當時正以哥倫比亞大學訪問教授身分旅寓紐約的芮普斯請教。就在這次訪問中，我也見到了以色列國防部首席科學家班-以色列將軍。我給他的備忘錄日期是一九九四年八月三十一日，內中說道：「伊茲哈克・拉賓全名唯一一次出現在聖經密碼時，有『刺客將行刺』幾個字跟他的名字相交…我認爲，拉賓雖有大難，但這危機是可以避免的。」稍後，我跟芮普斯一起面見班-以色列將軍，由芮普斯向他簡報有關聖經密碼技術層面的細節。

拉賓遇刺前一個月，我再次設法直接與拉賓聯繫。當時他人在美國，即將在白宮和阿拉法特簽署臨時和平協定。一九九五年九月三十日，我發了一封電報給他的首席助理，說道：「去年我曾透過拉賓總理的好友古里跟他聯繫。他與我談過後，曾跟總理交談，並轉交一封可能有關拉賓先生生死大事的信件。如今，我發現新情報，拉賓總理可能眞有大難。」這位助理沒有回我話，我也一直沒能聯絡上拉賓總理。五個星期後，拉賓遇刺身亡。

拉賓遇刺當天，我再次聯絡古里，然後直飛以色列，到耶路撒冷與他見面。他在電話訪談和實際見面時告訴我暗殺預言應驗時他的反應，並說他立即電話聯絡巴拉克將軍。巴拉克是獲頒最多軍事勳章的以色列英雄，擔任陸軍首長多年，古里提到他時也是如此稱呼他，其實在拉賓遇刺時巴拉克已是內閣部長身分。

我是在一九九二年六月，爲了一樁全然不相關的問題面見當時以色列陸軍情報首長沙圭（Uri Saguy）將軍之後，偶然獲悉有關聖經密碼的事。消息來自一位年青軍官，但以色列情報當局高層人員，一直到後來我帶芮普斯去跟一些技術官員簡報時，才得知有聖經密碼這回事。

當時芮普斯是耶路撒冷希伯大學數學系副教授，他向我引述的「維爾納天才」話語，出自羅賓諾維茨(Abraham Rabinowitz)的《猶太智者》（*The Jewish Mind*, Hillel Press, 1978）。

芮普斯的同事魏茨滕事先發現第一枚飛毛腿飛彈攻擊以色列的正確日期：五七五六年第三舍巴特月（公元一九九一年一月十八日）。芮普斯證實，魏茨滕告訴他這個日期，他自己在波斯灣戰爭前三個星期，也看到聖經密碼中記載的日期。後來，芮普斯夫婦告訴我，飛彈果眞在事先發現的日期當天晚上攻擊以色列時，他們感受如何。

第一位發現聖經密碼的捷克籍拉比魏斯曼德，並沒有把他的發現公諸於世，日後他的弟子出版了一本限量發行的 *Torat Hemet* (Yeshiva Mt. Kisko, 1958)，其中約略提到魏斯曼德在第二次世界大戰前研究聖經密碼的事。他的弟子陶伯（Azriel Tauber）說，魏斯曼德把摩西五書全部寫在索引卡上，每張卡寫一百個字母，分十行，每行十字，再以等距跳躍的方式找尋拼出的字詞。

牛頓探索聖經密碼的事，由大經濟學家凱因斯在《傳記散文隨筆集》（*Essay and Sketches in Biography*, Meridian Books, 1956）二八八至二九〇頁透露。魏斯佛（Richard Westfall）在《牛頓行傳》（*The Life of Isaac Newton*, Cambridge University Press, 1980）一二五頁裏，也引述牛頓的神學筆記指出，這位物理學家「相信聖經的精髓在於對人類歷史的預言」。另見魏斯佛的《孜孜不倦：牛頓傳記》（*Never at Rest: A Biogrraphy of Isaac Newton*, Cambridge University Press, 1980）。

我先是看到芮普斯和魏茨滕提交同儕審查的實驗報告原稿摘要。這份報告最後由美國數學期刊《統計學》（*Statistical Science*）第九卷第三期，在一九九四年八月四日刊出，於該期的第四二九到四三八頁，由魏茨滕、芮普斯和羅森柏格合撰的〈聖經《創世記》裡的等距字母序列〉（Equidistant Letter Sequences in the Book of Genesis）。該文付梓前，我和主編卡斯談過，本書中所引述的即是他在付印前唸我聽的〈編者按語〉。芮普斯等人的論文後由《統計學》發表。

芮普斯等人的實驗，最初的結果是這樣得出的：取三十二個人名和六十四個地名，隨意混合成一百萬個不同組合，其中完全正確的組合只有一個，然後以電腦運算，檢驗這一百萬個組合中哪一個結果較佳，亦即檢驗何者能在聖經密碼中組成最明確的資訊。結果，「有四次是隨機組合贏，」芮普斯解釋道：「正確組合贏的次數則是九九九九九五次。」

在第二次實驗中，所有人名和地名正確組合都從混合組合消去，唯一正確的資訊也從完全正確的組合表中消去，再查對一百萬個排列組合，得出正確結果的機率是百萬分之一。

「隨機組合的機率沒有提高，」芮普斯說。「結果是○對九九九九九九，也就是百萬分之一。」

在一九九三年一月二十五日的電話訪談中，甘斯也告訴我他個人獨立實驗的結果，並在一九九六年十二月另一次電話訪談中進一步詳細說明。甘斯在提交《統計學》期刊的論文中說：「我們認爲，這些結果足可印證魏茨滕、芮普斯和羅森柏格報告的結果。」

甘斯指出，要發現城市名稱和聖人名字密寫在一起，機率是二十萬分之一。」

據卡斯在一九九七年一月的電話訪談中告訴我，自一九九四年八月芮氏等人報告刊出後，迄今沒有人提出論文反駁。

澳洲科學家哈梭佛曾在一本小型宗教刊物 *B'Or Ha'Torah* 上，針對聖經密碼發表簡短評論，但那是在芮普斯和魏茨滕實驗發表前的事。哈梭佛沒有質疑芮魏論文中證明《創世記》確有密碼存在的數學論據，他自己也不曾做過任何實驗，或針對聖經密碼一事進行過調查。

本書完稿後，澳洲數學家馬凱（Brendan McKay）在電腦網際網路上對芮氏等人的實驗提出質疑。他說，在《創世記》所發現的密碼，也許不存在於聖經其它書卷中。其實，馬凱有所不知，事先發現拉賓遇刺，就是密載於《民數記》和《申命記》。摩西五書其它書卷中也都發現有世界大事密碼。

此外，馬凱還質疑芮普斯所用的統計法。不過，馬凱的論文還只是初稿，不像芮普斯已通過同儕審查，且馬凱也未將論文提交《統計學》或相關期刊。芮普斯已經回應馬凱的質疑。「我認爲他不對，」芮普斯說。

以色列的知名數學家歐曼指出，就算馬凱沒錯，但他自己的論文初稿也說，芮魏實驗結果正確的機率是千分之一，在一般科學裏這仍然是很有力的結果，何況是運用數學界最嚴格的檢驗法。

哈佛大學的統計學家戴康尼（Persi Diaconis）一九九〇年五月七日的一封信，已爲芮普斯證實聖經密碼存在的實驗立下了標準：「要發表如此異想天開的主張，我認爲應有千分之一的機率或更高。」

芮普斯和魏茨滕所進行的實驗起碼爲五萬分之一，完全符合戴康尼所主張的要求（後期的一次實驗顯示，或然率其實在千萬分之一）。戴康尼建議將這次實驗的論文送交數學期刊《統計學》發表。

一位請我不要提名道姓的以色列數學家，在一九九六年十二月告訴我，他對芮氏等人的實驗展開「初步調查」，結果「沒有證據」顯示他們的發現是錯誤的，事實上，他說他們使用的「數學完美，電腦學無瑕」。不過，他倒是質疑芮普斯和魏茨滕挑選聖賢名字與聖經密碼中生卒日期組合的方式。

我向芮普斯提起這個問題。芮普斯告訴我，當初他和同事魏茨滕從《著名猶太學者大百科》（*The Encyclopedia of Prominent Jewish Scholars*）這本標準參考書裏，只是挑出書中用了三、四欄篇幅介紹的人名，選出三十四位聖賢編成一張表，完全是按照方法來。

據芮普斯說，他們第一次實驗的結果顯示，「人名和日期間相互關聯性極強」，明顯地證實《創世記》有一套密碼存在。

後來，戴康尼這位中立權威人士，要求他們提出「新資料」，也就是提出一份不爲實驗成功而選的新名單再進行實驗。

此外，戴康尼也建議芮普斯和魏茨滕，以人名和日期組成一百萬個排列組合，再檢試正確的組合在聖經密碼中是否也最爲符合。

芮普斯和魏茨滕再從百科全書選出以一欄半至三欄介紹的人名，編成第二份三十二人名單。

由於許多聖賢，特別是古人，一生中使用過很多不同的名字，加上有些人的名字拼法各有不同，是以芮普斯和魏茨滕把最後這三十二人名單，請巴伊蘭大學（Bar Ilan University）聖經經傳系主任哈夫林博士（Schlomo Z. Havlin）斧正。

哈夫林是當今拉比文獻學首屈一指的專家，巴伊蘭大學著名的古猶太文獻資料庫，就是在他協助下完成。他對芮普斯和魏茨滕實驗所用的人名拼法做最後裁決。我一九九六年十二月在耶路撒冷採訪過哈夫林，他證實，芮普斯和魏茨滕在證實聖經密碼實驗中應用何種資料，是由他個人獨自決定的。

此外，哈夫林更以書面聲明指出：「本人證明，兩份名單上的人名和命名，皆經本人以巴伊蘭大學資料處理中心電腦資料庫仔細比對後，依個人判斷而決定。」

綜合上述可歸納成下列事實：

一、最後一次實驗所用的名單，係由中立學者，亦即巴伊蘭大學的哈夫林所決定。

二、發現人名跟日期密寫在一起的數學檢驗法，係由第二位中立學者，即哈佛大學的戴康尼所設計。

三、這三十二個人名，連同最初的三十四個人名，亦經第三位中立科學家，即五角大廈解碼專家甘斯證實與城市名稱相符。

證明聖經密碼存在的實驗不可能是騙局。

不過，還是有位不願透露姓名的以色列數學家質疑芮魏實驗的結果。此人主張只要更仔細衡量百科全書的欄幅，便知芮普斯實驗所用的三十二個人名，應該去掉三個，另添兩個。芮普斯和魏茨滕接受他的挑戰，依這位心存懷疑的數學家修訂的名單，分別在一九九六年十二月和一九九七年一月重新實驗。據芮普斯說，結果「比我們原先的實驗好上二十倍」，或然率從原先的百萬分之四，變成千萬分之一。換一種方式來衡量的話，就是原先的實驗或然率是千萬分之一，現在則是億萬分之一。

我自己也做過規模比較小的實驗，查對本書中所列的二十個聖經密碼，看看在同樣篇幅比對文字中，是否也能發現同樣的密碼。我首先用的是《罪與罰》希伯來文譯本中的三十萬四千八百零五個字母，結果有半數的人名或片語沒有出現，即便出現，也湊不出連貫且相關的資訊。

舉例來說，在《罪與罰》裏，不論以什麼跳躍字列，都拼不出「伊茲哈克．拉賓」或「核武浩劫」。這是預料中事，因爲，在一本三十餘萬字母的書裏拼出拉賓全名的機率是十分之一，而「核武浩劫」出現的機率則是將近百分之一。

《罪與罰》中確實出現「甘迺迪總統」和「莎士比亞」之類的詞。這是預料中事，因爲，在如此龐大篇幅的一本書裏，這兩個名字確有在某些跳躍碼出現的可能。

不過，在聖經密碼裏，緊接著「甘迺迪總統」的是「將死」和「達拉斯」，在《罪與罰》裏，在同一地方既沒有他遇刺的城市名稱，也找不到任何跟凶案相關的資訊。

同樣的，「莎士比亞」在《罪與罰》裏出現一次，但不跟《哈姆雷特》或《馬克白》一起。

我所查對的二十個人名和片語都是同樣情況。這本小說有時確實會出現隨機組合，但沒有連貫的資訊一起配合。

「很顯然的，若要從其他書籍裏找尋相當的例證，」芮普斯說道。「最後總會在相同地方找到一些符合的相關字，這在隨機或然率上是可想而知的。

「但只有在聖經密碼裏才有一致而連貫的資訊。從來沒有人在《戰爭與和平》或《罪與罰》書中，在事發前一年找到暗殺的正確預言，或在戰爭前三個星期找到正確的開戰日。除了聖經之外，沒有人能在其它任何書籍、任何譯本、甚至任何希伯來書裏找出類似的資訊。」

本籍西班牙的猶太法典學者納奇曼奈（Nahmanides, 1195-1270），在他的《五書論》（*Commentary on the Torah*）裏指出，傳說中上帝口授摩西的聖經原型，應是「字字相連，無一中斷」的。聖經原典從起首至結尾成一捲羊皮書卷，不是分頁裝訂的書籍，亦可說明這一點。

愛因斯坦所說的「過去、現在和未來的區別，終是虛妄」，出自他在一九五五年三月二十一日寫給畢生老友貝索（Michele Besso）家人的信，現存於愛因斯坦文物館。見普林斯頓大學在一九九六年所出版的《愛因斯坦金言集》（*The Quotable Einstein*）第六十一頁。

貝索是愛因斯坦在瑞士專利局任職時的同事。當時愛因斯坦年方二十五歲，正在發展他的相對論。前文所引的信件寫於貝索過世五十年後，距愛因斯坦自己過世不到一個月，是以他對時間眞正本質的陳述全文也格外鞭辟入裏：「現在，他比我稍早一步離開這奇異的世界。這沒有任何深意，對相信物理學的我們而言，過去、現在和未來的區別，無論怎麼執著，終究是虛妄。」

史蒂芬・霍金說「時光旅行可能在我們能力範圍內」，出自他在《星艦迷航記的物理學》（*The Physics of Star Trek*, Basic Books, 1995）一書中的前言。在最新版的《時間簡史》（*A Brief History of Time*, Bantam, 1996）中，霍金也重述他對時光旅行的信念：「時光旅行的可能性依然存在」。此外，他還指出，任何高級的太空旅行形態都必須是超越光速的旅行，這話的意思自然是指走回過去的時間裏。

舒梅克-李維彗星撞木星奇觀，始於一九九四年七月四日，全球天文學家同觀，國際媒體大事報導。《紐約時報》專題系列和《時代》周刊一九九四年五月二十三日那一期，都有詳細報導。

近千年歷史的希伯來文原典聖經完整版，在公元一〇〇八年問世，稱《列寧格勒抄本》（*the Leningrad Codex*），是最古老的舊約原典。在耶路撒冷「藏經院」有一本更古老的希伯來文聖經，稱《亞列波抄本》（*the Aleppo Codex*），可惜已有部分毀損。十二世紀的大學者梅莫奈德（Maimonides, 1135-1204），曾經使用過這份抄本，那時它還完好無損。

有兩千年以上歷史的《死海書卷》，包含了聖經各書（《以斯帖書》除外）的殘卷，以及《以賽亞書》完本。

現存希伯文原典聖經都是一個字母不易，據最負盛名的古希伯來文翻譯家史坦夏爾茲說，《猶太法典》中數次明示，摩西五書抄本即便只有一個字母錯誤就不能用，就應該焚毀。

聖經密碼電腦程式所用的，正是普世接受的原典猶太經文。

因此，一部起碼有千年歷史——幾乎可以肯定有近二千年歷史的書，儘管書中暗文密寫了有關今日世界的消息，但其明文跟過去千年來的經文完全相同，應是毋庸置疑的。

我在一九九二年三月十二日在卡茲丹的辦公室，和卡氏及芮普斯見面。本書引述卡氏對聖經密碼評論的話語，即是出自這次面談。

卡茲丹跟耶魯大學的比亞捷斯基-沙皮洛，以及另外兩位知名數學家，也曾在一九八八年，也就是芮普斯和魏茨滕實驗通過三重同儕審查之前六年，發表書面聲明指出，聖經密碼之說是否已斷然無疑，猶言之過早，「但所得到的結果已十分驚人，值得廣泛注意及鼓勵進一步研究」。

我們一九九四年見面時，芮普斯實驗剛通過最後審查。當時卡茲丹就指出，他相信聖經密碼是真的，但還無法對它的存在提出解釋。

我跟比亞捷斯基-沙皮洛見面，時間在一九九四年十一月，地點是普林斯頓大學高等研究所。書中所引述的話即是來自這次訪談。

史蒂芬・霍金對於「測不準原理」的說法，見《時間簡史》五四至五五頁。

愛因斯坦對於量子物理和上帝的說法，是在一九二六年十二月四日致物理學家柏恩（Max Born）的信函中所提出。見《柏恩-愛因斯坦書信集》（*The Born-Einstein Letters*, Macmillan, 1971）九〇至九一頁。

我與歐曼見面，是在一九九六年一月二十五日，地點在他耶路撒冷希伯來大學辦公室，書中引用他的說法都是出自這次晤談；「聖經密碼是已確立的事實」，則是他在一九九六年三月十九日，在以色列科學院會議上介紹應邀演講的芮普斯時所說。

歐曼是最直接投入督導芮普斯與魏茨滕實驗的資深數學家，對他們的工作也所知最詳。

初會之後，我跟歐曼有過多次晤談。他仍然是十足的懷疑論者：「心理上很難接受，但科學上來說是完全眞實的。」

聖經密碼說到「第五次元」，引發我去拜訪哈佛物理系主任柯爾曼（Sidney Coleman），以及宇宙源起論的頂尖專家暨麻省理工學院的物理學家顧斯（Alan Guth）。兩人分別在訪談中告訴我，現在幾乎所有的物理學家都同意有第五次元，但是還沒有人能界定何謂第五次元。不過，兩人也都提出一個十分弔詭的說法：第五次元小於原子核，但我們整個宇宙都在其中。

芮普斯引用的古代宗教經典是《創世書》（*Sefer Yetzirah*）。根據傳說，此書是亞伯拉罕在摩西於西奈山接受聖經之前一千年所寫的。《創世書》說，我們存在於五次元世界裏，第三次元是空間，第四次元是時間，第五次元則是精神次元。現代科學已經證明前四個次元，對第五次元則尚無定論。

《創世書》第一章第五節經文，是這樣界定五個次元的：「一度始／一度終：一度善／一度惡：一度上／一度下：一度東／一度西：一度北／一度南。」見卡普蘭《創世書》譯本四四頁。

芮普斯引述這則古代對「第五次元」的定義時指出，每一次元都有一套度量系統來界定，第五次元可能是包羅全部，因爲第五次元由善惡之間的距離所定義，此乃「世上最大的距離」。

第二章

以色列將毀於恐怖戰爭的預言貫穿舊約全書。也就是這個預言，使得更廣幅的天啓末日之說油然而興，而箇中最著名的便是新約《啓示錄》的恐怖預言。

“Apocalypse”一字本爲希臘文，意思是揭開、啓示。到了現代，此字之義已轉變成「聖經中所啓示的最後毀滅」。

在舊約聖經裏，末日毀亡很顯然地是集中在以色列身上。《但以理書》十二章一節所說的「必有慘重災難，是從建國以來所未曾有的」，最爲人熟知，但最早的天啓末日說，出自《以賽亞書》。《以賽亞書》九章三節如是說：「上帝要在一日之間，從頭到尾消滅以色列。」在《以賽亞書》二十九章一節，這威脅特別集中在耶路撒冷，一如《但以理書》九章十二節所云：「普天之下，未曾有如耶路撒冷所受的災禍。」

《但以理書》和《以賽亞書》二十九章都明顯指出，這終極危機是在未來之時，耶城不單在過去，也會在未來毀滅。

最爲人熟知的「終末戰爭」預言，見於《啓示錄》二十章七至九節撒旦將率大軍攻擊以色列的預言中。但經文中指出，撒旦大軍來自「歌革和瑪各」（二十章八節），其實是出自舊約《以西結書》。《以西結書》（三十八至三十九章）只說他們是在未指明的未來時日，由北入侵以色列的敵人。「終末決戰」（哈米吉多頓）亦出自《啓示錄》，但哈米吉多頓一詞其實乃是以色列北部城市梅基鐸的希臘譯音。

目前中東情勢緊張，世人已不復記憶當拉賓遇刺時，以色列承平得出奇。這泰半要歸功於一九九三年九月十三日拉賓和阿拉法特在白宮草坪握手言和。中東和局一如預言所示，一直到一九九六年二月二十五日，揭起了恐怖活動浪潮後方告瓦解。

拼出希伯來年五七五六的幾個字母，也拼出一道問題，筆者譯爲：「你會改變它嗎？」事實上，在希伯來文裏只是暗含這「它」字，並未明說。就字面直譯，這道問題應該是複數形：「你會改變嗎？」這問題不是說我們是否會被改變，而是指我們是否要改變事局。因此，由拼出五七五六年這幾個字母所形成的問題，最適切的英文翻譯應取最能淸楚傳達希伯來文意義的英文字，譯作：「你會改變它嗎？」

我給裴瑞斯的第一封信函，日期爲一九九五年九月九日，是在當天由意沙以轉交，意沙以在裴瑞斯才十三歲時就認識他，一直是他至交和黨內戰友。裴瑞斯的反應，即是意沙以在拉賓遇刺不到一個星期便面見裴瑞斯後告訴我的。

幾天後，我在總理辦公室見到了裴瑞斯的新聞祕書戈林，一九九五年十二月十日在紐約再見到她時，我把先前致裴瑞斯信函的複本交給她。

書中引用美國參院對核武恐怖活動所做的報告，出自參院常設調查委員會副主席努恩開幕詞，俱見一九九五年十月三十一日報告初稿。但在該委員會的最後報告書「大規模毀滅性武器全球擴散」中，文字略有更動。

在已瓦解的蘇聯，「連馬鈴薯的防護（比核武）都要周全多了」，此說係出自庫立克（Mikhail Kulik）。此人是調查莫曼斯克附近核子潛艇造船廠十三．五公斤濃縮鈾失竊案的官員。《科學美國》（*Scientific America*）雜誌一九九六年一月號第四十二頁，由威廉斯和沃斯納執筆的〈核走私的眞正威脅〉亦引用庫立克的說法。

美國專研核子恐怖主義的專家，包括五角大廈和中情局官員，都在不便出面的訪談中，進一步證實核恐怖危機。

那位曾協助開發蘇聯飛彈系統的俄羅斯頂尖科學家向我兜售飛彈系統，是在一九九一年一月莫斯科一次集會上。蘇聯開始瓦解後頭幾天，一干頂尖科學家窮困潦倒的情況，令我大爲震驚，至今猶難忘懷。

一九九六年十月，俄羅斯最要重的核武設計機關首長尼柴（Vladimir Nechai），因爲拖欠屬下科學家幾個月薪資而羞憤自殺。一九九六年十一月十五日，在《紐約時報》專欄中，另一位參加他葬禮的俄羅斯官員撰文指出核武科學的窘境：「俄羅斯科學界的驕傲，享有世界地位的科學家齊聚一堂，身著綻了線的外套，襯衫褪色，袖口磨損。」這位名叫雅夫林斯基的官員歸結說：「在俄羅斯，沒有人能保證熱核計畫的安全。」

我與阿米德洛將軍的電話訪談，時間是在一九九五年十一月。當時阿米德洛是以色列軍事情報機關副主管，現爲國防部首席幕僚。

雅托姆將軍第一次以信件跟我聯絡，是在一九九五年十二月十八日，但我們一直到一九九六年一月第一個星期才直接面談。雅托姆在信中說：「閣下於一九九五年十二月十日致函總理裴瑞斯後，他要我跟你見面談談。」

在日後的電話交談中，當時擔任裴瑞斯首席軍事顧問的雅托姆，安排我直接面見總理。書中引述雅托姆的話即出自電話交談。

一九九六年一月二十六日，雅托姆安排我在耶路撒冷總理辦公室面見裴瑞斯，他的秘書戈林亦在座。書中引用裴瑞斯所提的問題，即出自這次會談。

格達費的聲明係在一九九六年一月二十七日透過利比亞新聞社發布，次日以色列各報皆予報導，書中所引係譯自《大地報》(*Ha'aretz*)。

我和雅托姆將軍見面，是在一九九六年一月二十八日，地點在耶路撒冷總理辦公室。雅托姆告訴我，他已經跟裴瑞斯談過我們見面的事，也看到了格達費的聲明。書中引述他的話，就是出自這次會晤。

裴瑞斯提到有關核恐怖的談話，是在一九九六年一月三十日於耶路撒冷發表，書中引文出自一月三十一日《耶路撒冷郵報》報導。後來，裴瑞斯又在美國廣播公司（ABC）「夜線」（Nightline）新聞節目中（一九九六年四月二十九日）發表類似的談話：「這是人類史上第一次，披著宗教外衣，但邪惡且存心不良的組織，有可能取得這些可怕的武器。試想，倘若希特勒手中有核彈，會是什麼光景。」

第三章

一九九六年二月二十五日耶路撒冷恐怖爆炸案，以及往後九天數起爆炸案，全球各媒體皆有廣泛報導，但本書的說明主要是取材於《紐約時報》和《耶路撒冷郵報》。

雖然早在拉賓死前四個月左右，就已發現猶太曆阿達爾月第五日這個日期，但因「他的人民全在打仗」的預言，當時似是不可能那麼快發生，是以我在一月間面見裴瑞斯總理時並沒有告訴他。在周日凌晨恐怖攻擊前的那天晚上，我打電話給雅托姆將軍，但他辦公室沒人接聽。

一九九六年四月三十日，我跟雅托姆於早上約定，在以色列駐華府大使館外見面。

一九九六年五月二十八日以色列大選前一天，我打電話給芮普斯，告訴他我發現聖經密碼密載「納坦雅胡總理」幾個字。發現「當選」兩字跟納坦雅胡名字相交，其實是芮普斯在這次電話交談中告訴我的。我告訴芮普斯，我不認爲納坦雅胡會當選，並問他對聖經密碼中這則顯然是不實的預言做何看法。他表示，我們不妨靜觀結果。

芮普斯同意，與「納坦雅胡總理」相交的兩則死亡宣言，可能性顯然不高。但他也表示，不能確定在聖經明文中出現的這幾個字，是否跟密載於同一處的現代事件及一個活生生的人有關。

「納坦雅胡」與「伊茲哈克・拉賓」一起出現的這張表上，還有「艾米爾」——而在與

「艾米爾」重疊處的聖經明文，倒讀便出現「他使國家改觀，他將使他們變壞」這幾個字。兩者都在《民數記》三十五章十一節明文出現「刺客的名字」之密碼的同段經文裏。

我初次與班·錫安·納坦雅胡電話交談是在九六年六月三日，五月二十九日請他轉交致總理函，六月九日再訪談時，他證實已收到我的信，並已在六月七日星期五轉交給總理。

納坦雅胡教授《宗教審判源起》（*The Origin of the Inquisition*）一書，於一九九五年由「藍燈書屋」出版。本書題獻給他另一位兒子岳拿珊，岳拿珊在一九七六年七月四日率領突擊隊執行恩特比機場救援人質行動中殉職。

一九九六年七月三十一日，芮普斯在我在場時回電老納坦雅胡。芮普斯告訴他，聖經密碼是業經科學證明的事實，而「核武浩劫」和「以色列浩劫」皆密載於聖經中。同日，我在納坦雅胡教授耶路撒冷寓所跟他見面，書中引用他的說法，即出自這次會面。

次日，八月一日，我在老納坦雅胡耶路撒冷寓所跟他夜談。書中引述他的說法，即是出自這前會談。

我那次以色列之行與納坦雅胡談話是在八月三日，書中引述即出自這次電話交談。

一九九六年八月二十日，我發出給納坦雅胡總理的最後一封信，同樣是透過他父親轉交。

第四章

有關「封印之書」的描述見《啓示錄》五章一至五節。彌賽亞開「封印之書」的故事則載於《啓示錄》六至八章。

這則故事的原型見《但以理書》十二章一至四節。新約聖經裏說封印之書一開，便放出天啓末日預言中的四騎士，造成死人呼喊著要報復活人，引起大地震動，日月星辰無光，乃至最後「蒼天無言」。至爲駭人。

不過，舊約聖經故事的原型說，打開封印之書是爲了拯危救難：「那日，人民中有名字記錄在冊上的，都得拯救。」（見《但以理書》十二章一節）。

牛頓鑽研《但以理書》和《啓示錄》一事，包括凱因斯等多位立傳者都曾予披露。凱因斯談及牛頓祕密論文時寫道：「另一大部分是各家對《但以理書》和《啓示錄》有關天啓末日的論述，他（牛頓）設法從中歸納出宇宙眞相的奧祕。」

「末後的日子」一詞，分別在《創世記》四十九章一至二節、《民數記》二十四章十四節、《申命記》四章三十節和《申命記》三十一章二十九節等聖經原初語言中出現四次。「末後的日子」的第二種聖經表達方式，出現於《但以理書》十二章十三節。

以字母書寫猶太年的方式共有三種，我以這三種方式一一查對往後一百二十年間的每一年，尋找那一年最符合聖經中有關「末後的日子」兩種陳述。在三百六十組可能組合當中，能同時符合兩種聖經陳述「末日」方式的，只有五七五六這一年，也就是現代曆法中始於一九九五年九月，終於一九九六年九月的這段時間。

《但以理書》十二章一節預告「慘重災難」，但救贖的應許：「人民都得拯救」，同樣見於《但以理書》十二章一節。

《死海書卷》中可發現一則非聖經的「光明之子與黑暗之子間的戰爭」預言，箇中以翔實的軍事術語描述「終末戰爭」。歷代有關天啓末日預言的詳細討論，見波爾（Paul Boyer）所撰的《當時間不在》（*When Time Shall Be No More*, Harvard University Press, 1992）一書。

聖經本身是在《出埃及記》二十四章十二節提到上帝授予摩西五書，且《申命記》三十一章二十四節明確認定，摩西就是把這些「律法都記在書上」的人。

《出埃及記》十九章十六至二十節的生動形容，是本書描述上帝降臨西奈山光景的主要資料來源。

戴維斯的引語出自《上帝心智》（*The Mind of God*, Touchstone, 1993）一書九六頁。

《紐約時報》在一九九七年二月十八日報導，「量子電腦」可能在我們能力所及範圍內，人類也許可管理原子內面的世界，創造出「一種資訊處理法，其能力之強大，使得一般運算相較之下，猶如火與核能。」

天文學家沙岡指出，先進的外星科技可能「在我們看來猶如神蹟」一語，出自《星空的奧祕》（*Pale Blue Dot*, Random House, 1994）三五二頁。

《二〇〇一年》（*2001*）作者克拉克（Arthur C. Clarke）做過類似的觀察：「大凡極爲先進的科技，皆與神蹟無異。」（見《未來翦影》（*Profiles of the Future*, Holt, Rinehart, and

Winston, 1984)。

戴維斯想像的「外星遺物」，見《我們是孤單的嗎？》(*Are We Alone?* Basic Books, 1995)四二頁。另外，庫伯利克（Stanley Kubrick）在他著名的電影版《二〇〇一年》中展現，在人類不斷演進的過程中，每當我們朝向更高層次時，總會有根神祕的黑柱一再出現。當我向他提起聖經密碼時，他的直接反應是：「這和《二〇〇一年》裏的擎天一柱無異。」

聖經的原型是刻石爲記，俱見《申命記》二十七章二至八節，摩西吩咐以色列人「把這些律法清清楚楚寫在石上」。

邁爾斯的引言出自《上帝行傳》（*God: A Biography*, Knopf, 1995）三六五頁。

約瑟的別名「撒發那忒巴西亞」，見《創世記》四十一章四十五節。有關學術界對其涵意的推測之論，如這名字代表埃及的象形文等，見卡普蘭的《五書今解》二〇七頁。「揭密人」出自《但以理書》二章四十七節。邁爾斯認爲，協助約瑟的這位上帝顯然有預知而無改變未來之能，見《上帝》一書三六五頁，而他把未來比擬做可以預演的「龐大的電影膠卷」，則出自三六五頁。

芮普斯向我朗讀《以賽亞書》四十五章七節的經文說，上帝自己就清楚地表明祂是可善可惡的。詎料有位猶太拉比在公共電視台（PBS）摩耶斯（Bill Moyer）一九九六年《創世記》專題系列中引述此語，卻引起舉國嘩然。這種說法居然如此出人意表，如此引人爭議，不免令人驚訝。因爲，在這已有二千五百年的聖經書中，不管是希伯來文原典，還是包括英王欽定本在內的所有標準英譯本，都已直言無諱地指出，若是經過了幾千年人們還不知道、還無法接受聖經中明白陳述的上帝話語，又如何能指望他們接受聖經暗藏密碼之說？

把《但以理書》另做譯解的最後這幾句話，並不是隱藏在密碼裏，只是以另一種方式解讀明曉的經文而已。

第五章

以賽亞說「瞻前須顧後」，出自四十一章二十三節，在本書第八章有更完整的討論。這句話在聖經裏固然有特殊意義，但也是每一個了解世界史的人都會說的話。這就是邱吉爾所說的：「向後看得越遠，向前就能看得更遠。」哲學家桑塔雅納（George Santayana）也說：「不能省記過去的人，註定會重蹈覆轍。」

一九九二年六月，我跟芮普斯的同事魏茨滕在他耶路撒冷寓所見面時，與我談到他個人對聖經密碼的研究。魏茨滕也將他的發現集結成《附加次元》（*The Additional Dimension*, Israel, 1989），自費限量出版。本書第一章引用納粹大屠殺的資料，也包含在該書中。

我在跟芮普斯一起研究聖經密碼的第一個星期，就發現一樁重大的事實，那就是，我們可以在密碼裏找到世界歷史上已知事件、當天報紙頭版新聞，或我當場要他找的人名和地名。同樣的，後來有人要我找些我根本沒想到的人名或事件，往往也都密載著相關的資訊。

在研究這本書期間，我在柯諾普夫出版社碰到發行人梅赫塔（Sonny Metha），要我找找甘地。我用一個跳躍碼一找，赫然發現「M．甘地」跟「他將遇害」密寫在一起，一如「甘迺迪總統」之後一個跳躍列，緊跟著就是「將死」兩字。

沙達特遇刺事件，則是芮普斯的同事魏茨滕所發現的。

四千年前亞伯拉罕買下位於希伯倫現稱「族長陵墓」那塊地，見《創世記》二十三章。經文中對交易過程有相當詳細的描述，包括最後敲定價錢爲「四百塊銀子」之前，亞伯拉罕與希太族人希弗崙之間的討價還價。

奧姆眞理教的計畫，詳載於美國參院常設調查小組委員會，針對恐怖分子使用非傳統武器所造成的威脅而提出的〈大規模毀滅性武器全球擴散〉報告裏。「全球不得不注意到一九九五年三月二十日早晨，」委員會副主席努恩參議員，引用毒氣在東京地鐵系統散布那天的情況爲例：「這個稱爲奧姆眞理教的教派，於是成爲第一個非戰時國家而大規模使用化學武器的團體。我認爲，這起攻擊事件象徵世界已進入一個嶄新的時代。」

這份參院報告中引述該教教祖麻原彰晃所出版的《第二套預言》：「本人確信，終末決戰將在一九九七年爆發。」另據美國一位中立的恐怖主義專家指出，麻原被捕時所沒收的文件顯示，他已經把終末戰爭的日期提前，設定在一九九六年。

書本所述奧克拉荷馬市爆炸案的詳情，主要來自《紐約時報》、《時代周刊》和《新聞周刊》的報導。

後來五角大廈一位核恐怖專家告訴我，倘使奧克拉荷馬市的卡車炸彈客，擁有可口可樂瓶大小的鈽原料，混在他們以化學肥科和燃料油所做的士製炸彈裏，那麼，奧克拉荷馬市起碼百年無法住人。

第六章

有關《死海書卷》發現的原委，詳見柏勞思（Millar Burrows）的權威之作《死海書卷》（*The Dead Sea Scrolls*, Viking, 1956）四至五頁。各家說法雖有不同，但都提到一位貝都因人偶然發現《死海書卷》。但也有些人認爲他是個私梟，根本不是什麼牧人。

戈爾布（Norman Golb）在《死海書卷作者是誰》（*Who Wrote the Dead Sea Scrolls?*, Touchstone, 1995）一書中說，《死海書卷》是在公元前七十年羅馬人消滅耶路撒冷之前，有心人士爲保存聖經和其它聖堂經典所搶救下來的。

《死海書卷》出土的山洞，位於死海邊的庫木朗（Qumran）絕壁上。

《以賽亞書》是《死海書卷》中完整的一本，在館員發現這卷古羊皮書已現裂痕之前，原件本來陳列在藏經院正中央。目前展出的是複製品，原件已經修復。

設計藏經院的建築師巴托斯，一九九六年十月二十一日接受我電話採訪時透露，卷軸自動收縮，且由數層鋼板保護的設計，是爲了萬一發生核戰時能保護這卷《以賽亞書》。看來，他設計的裝置已經無效。

天啓末日之說見《以賽亞書》二十九章，聖經第一次提到「封印之書」，則是在《以賽亞書》二十九章十一節。

《以賽亞書》二十九章十七至十八節另有譯文，提到封印之書將會開啓，祕密揭露，只是原文的文字排列稍有不同而已，並不是隱藏在跳躍碼裏。

我以猶太年的三種書寫方式，一一查對往後的一百二十年，發現「世界大戰」和「核武浩劫」的三百六十組可能組合當中，能符合這兩種表達法的只有五七六〇和五七六六這兩年，也就是現代曆法中的二〇〇〇和二〇〇六年。芮普斯以統計法查對「世界大戰」和「核武浩劫」跟這兩年的組合後，亦認爲其結果「極不尋常」。

當今世上有五萬枚核武的估計，出自五角大廈核武擴散專家。這些專家指出，美國和俄羅斯的地基彈道飛彈，可在半個小時內飛抵地球上任何標的，由潛艇發射的核武飛彈則可在十五分鐘內飛抵全球各大城，核武世界大戰數小時所造成的破壞，遠甚於第二次世界大戰六年所造成的破壞。參見謝爾著《地球的命運》(Knopf, 1982)。

「門楣聖卷」包含十五段經文，分別取自原典聖經最後一書《申命記》六章四至九節和十一章十三至二十一節，共計一百七十字，通常是分二十二行書寫。這卷小書捲起後置於木盒或金屬盒內，如誡命所言：「你們應將誡命寫在門楣上」一般，塞在右門柱上方。"Mezuzah"一詞在希伯來文裏就是門楣的意思。

努恩參議員的談話引自〈大規模毀滅性武器全球擴散〉報告，魯加參議員的談話亦出自同報告。

裴瑞斯的談話出自他在一九九六年一月三十日於耶路撒冷所發表的演說。

最可能成爲核武攻擊標的的城市有九個，但在統計上符合「世界大戰」或「核武浩劫」的唯有耶路撒冷，且兩者皆符合的機率也極高。另外八個核對的城市，是華盛頓、紐約、倫敦、巴黎、東京、北京、莫斯科和特拉維夫。巴黎是另一個可能跟「世界大戰」組合的城市，但從整個暗文來看，似是跟以色列前總理裴瑞斯有關：「從巴黎，裴瑞斯」。

「耶路撒冷」和「世界大戰」與「核武浩劫」相符的這則密碼，跳躍列最短，而且是在《申命記》五章九節單節經文中出現，可說是聖經中密寫城市名稱的最佳例子。

不僅如此，耶路撒冷在聖經裏的古稱「亞利依勒」，也跟「世界大戰」和「核武浩劫」一起出現。這是《以賽亞書》二十九章一至二節提到天啓末日第一個光景時所用的城市名稱。

「亞利依勒」在希伯來文還有第二種字面意義：「壇爐」，也就是焚燒祭品的地方。《以賽亞書》二十九章二節明白地提到這駭人的關連性：「我必使它成爲壇爐」，接著是以賽亞見到的後耶路撒冷毀滅的景象，但措詞用句儼然是在形容一場核武浩劫。

本書引用謝爾對一九四五年廣島遭原子彈轟炸的描述，是出自他的《地球的命運》三七頁。引用的句子不多，都未加刪節。

謝爾對核彈地面爆炸的形容，似是跟以賽亞的話語今古呼應。書中引文出自《地球的命運》五〇至五一頁及五三頁，翔實的形容雖長，同樣未加刪節。

此外，謝爾還指出，投擲廣島的原子彈雖有一萬兩千五百噸黃色炸藥威力，「以今天的標準而言只是小炸彈，在今天的軍火庫裏只能歸類爲戰術武器」。

有關耶路撒冷漫長、血腥宗教衝突史的廣泛討論，見阿姆斯壯（Karen Armstrong）所著《耶路撒冷》（*Jerusalem*, Knopf, 1996）。《紐約時報》在耶路撒冷的辦事處處長施梅曼在書評中指出：「三大一神論宗教視耶路撒冷爲聖地，但耶城的屠殺、破壞和鬥爭史，卻沒有任何城市足堪比擬。」（《紐約時報書評》一九九六年十二月八日，第八頁）。

「終末決戰」（哈米吉多頓）經文引自英王欽定本，新約《啓示錄》十六章十四至十六節。

「哈米吉多頓」的字源係參照《牛津聖經論集》（*The Oxford Companion to the Bible*, Oxford University Press, 1993）五六頁，該書指出，「哈米吉多頓」僅見於《啓示錄》十六章十六節，經中特別指出係終末戰爭地點的「希伯來」地名。牛津論釋中接著說道：「學者常將哈米吉多頓解釋爲，希臘人對 "har megiddoe"（意爲梅基鐸山）一詞的音譯。」

「歌革和瑪各」出自欽定本聖經《啓示錄》二十章七至八節。

牛津論集二六五頁指出，《啓示錄》顯示誤引《以西結書》三十八至三十九章指「歌革」爲「瑪各」之地的統治者，實則「瑪各的確址不明」。

《以西結書》三十八章十五節明確預言，以色列會遭遇來自北方的大軍侵略。「敍利亞」跟這段經文密寫在一起，伊朗和敍利亞的古稱則出現在《以西結書》三十八章五節，隨之而來的屠殺見《以西結書》三十九章十七至十八節。

愛因斯坦對第三和第四次世界大戰的看法，出自耶路撒冷以色列博物館所陳列的《相對論》手稿眞蹟。陳列《死海書卷》的藏經院亦屬該館。另可參見《愛因斯坦金言集》二一三頁。

第七章

「大而可畏的事」在《民數記》第三十四章第十四節裏就有預告。這是原始聖經（摩西五書）中的最後一段經文，也是聖經中提到上帝在西奈山上訓示摩西的最後一段話。

摩西五書最後三節經文是：「以後以色列中再沒有興起像摩西的先知。他是上帝面對面所認識的。上帝命他在埃及土地上，行各樣神蹟奇事，又在以色列衆人眼前顯現有力作爲和奇特景象，行一切大而可畏的事，沒有人能夠像他一樣。」

最後這段經文的暗文並不是眞的以密碼形式出現，而是在原文中以稍有不同的字序呈現出來。警告清清楚楚：「對衆人，大恐怖：火災，地震」——這是聖經透露的最後一個秘密，這不可能只是巧合。

有三個年份和「大而可畏的事」有很好的搭配，這三年是二〇〇〇年、二〇一四年及二一一三年。很令人驚訝的是，所有啓示錄提到的大危機，不管天災還是人禍，都在聖經密碼中和這幾個年份一起出現。

「大地震」在啓示錄十六章十八節和十六章二十節中有所預告。較早一次提到「大地震」是在以西結書三十八章十九至二十節，地點很明確，是「以色列地」。更早一次提到地震則是以賽亞書十三章十三節，這一次地震的範圍似乎是指全球的，甚至是整個宇宙。

聖經密碼並沒有出現希伯來文拼出的「洛杉磯」全名，但縮寫「L.A. Calif」與「大地震」密寫在一起，同時也和「火災，地震」出現在一起。密碼中兩次出現「L.A. Calif」時，均與同一年份「五七七〇年」一起出現，在今曆即二〇一〇年。

美國地質調查報告預測，南加州在二〇二四年之前會有一次大地震。這份報告刊在美國地震學會期刊上（第五卷第二號），第三七九至四三九頁，一九九五年四月。

我也訪問了這項地質調查的加州主辦，舒華茲（David Schwartz），時間是一九九六年十月二十三日。他也說，預期在往後三十年內，預期南加州會有一次大規模地震，北加州則是美國第二個可能在近期內遭地震侵襲的地區。「沒有人知道我們的預測到底有多準」，舒華茲說：「不過這兩個地方是最有可能的地方。」

一九七六年唐山大地震，中國政府正式估計的死亡人數是二十四萬二千人，但根據《紐約時報》的說法，死亡人數高達八十萬。

一九九三年四月我告訴我那時候的發行人斯尼德（Dick Snyder）說，聖經密碼上指出，日本將會遭一連串大地震襲擊。奧尻（Okushiri）於一九九三年七月十二日發生地震，震央地點的名字及發生的月份均出現密碼中。我和日本內閣大臣廣中若子（Wakako Hironaka）見面是在一九九三年九月，地點在她東京的辦公室。神戶大地震發生在一九九五年一月十六日，五千人罹難。

現在幾乎所有的科學家都相信，恐龍滅絕的原因，是因爲六千五百萬年前一枚小行星撞擊到地球，掉落地點大約是在現在的墨西哥灣附近。最新的發現顯示，小行星撞到地球之後，似乎引發一陣火風暴，籠罩整個北美洲，立即殺死北美洲的所有生物。爆炸的結果則讓灰塵阻絕了太陽照射整個地球，最後終於殺死所有的恐龍。小行星滅絕理論最早是由柏克萊的地質學家艾華雷茲（Walter Alvarez）於一九八〇年提出。最新的相關發現則刊在十一月號的地質雜誌（Geology Magazine），作者是舒茲（Peter Schultz）及東特（Stephen D'Hondt）。

創造「大海怪」（the great Tanin）的故事在創世記一章二十一節。聖經說和上帝打仗的龍叫「拉哈伯」（Rahab），寫在以賽亞書五十一章九節。這是一段向上帝祈求的經文：「興起，像古時的年日，上古的世代興起一樣。從前砍碎拉哈伯，刺透大龍的，不是你麼？」這裏，希伯來文用的字仍然是「海怪」（Tanin）。

目前已知最早的創世神話，比聖經早了幾千年寫成，地點是在蘇美（Sumer），靠近波斯灣目前稱爲伊拉克的地方。蘇美神話的開始是一個「神」殺死一條「龍」。幾乎每個古文明都有類似這樣的創世神話。

馬斯登提出警告說，史威夫特-塔托彗星可能會在二一二六年八月十四日撞到地球，提出此說的時間是一九九二年十月十五日。這裏引用的《紐約時報》報導刊在一九九二年十月二十七日的報上。《新聞周刊》的報導則刊在一九九二年十一月二十三日出版的那一期。

一九九四年舒梅克-李維彗星與木星相撞事件全球都有報導。這裏用的是《紐約時報》和

《時代周刊》的報導。

《紐約時報》一九九六年五月十四日引述了負責追蹤小行星和彗星的美國航空暨太空總署科學家赫琳的話。阻止小行星、彗星與地球相撞的計畫則在《紐約時報》和《新聞周刊》都有刊登。

國王把大岩石敲碎成小石塊後才丟在他兒子身上的古老故事，出現在兩處古代經文釋義中，分別是密得拉許詩篇六章三節，以及密得拉許亞庫施摩尼（Yalkut Shimoni）二章六三五節。後來，一個十八世紀的聖者「維爾納才子」，將這個故事和兩個預言會出現的彌賽亞之中的會先來的那一個結合在一起，嘗試以此避免末後之日的恐怖。這位才子說，跟國王的兒子一樣，他「不會被處死。不過，仍需受到小石塊的折磨」。Kol HaTor 第一章第六段。

撞到木星的彗星先分裂成二十片，再轟炸這個行星。希伯來文的木星名字"Zadik"意思是「正義」，是第一個來的彌賽亞的名字"Zadik"的字根，"Zadik"的意思是正義之士。

遠古彗星撞地球的理論，可能是後來聖經啓示錄各種災難景象的起源，這個說法引自費里斯的文章〈這是結局嗎?〉，該文刊登在《紐約客》雜誌一九九七年一月二十七日出版的那一期，第五十五頁。彗星或行星撞地球的或然率則在第四十九頁。

第八章

《耶路撒冷郵報》報導，納坦雅胡預定一九九六年七月二十五日與胡笙國王在安曼會面。

這項報導出現在七月二十一日周報中。這項訪問行程的日程，其他幾家以色列報紙當週也有報導。那次行程延後的理由，經總理新聞關係室證實，是因爲胡笙國王突然生病。納坦雅胡八月五日與胡笙見面的事，《耶路撒冷郵報》八月六日有報導。

「兩項行程都是我當選那天決定的」，納坦雅胡在記者會上表示，指的是他已經去過開羅的事，以及七月間即將去安曼的事。兩項行程都密寫在聖經裏，在納坦雅胡當選前一個星期就有人發現有這樣的密碼存在。納坦雅胡會當選總理一事，也是早就預測到的。

史蒂芬・霍金針對測不準原理發表了一個較正式的聲明：「如果要將粒子的位置測得更準確，對其速度的測量就會變得更不準確。反之亦然。」根據霍金的說法，要點是這樣的，量子物理只能「預測一組可能發生的不同結果」，「而不是單一確定的結果」。《時間簡史》第五十五頁。

我與戈德見面是在一九九六年九月十日近午夜時，地點在紐約的艾塞克斯宮大飯店。我發給雅托姆將軍的傳眞，日期是九月十一日，在同一天寫成並發出。九月十日和十二日兩天，我都和中間連絡人班-以色列將軍談過話，他告訴我他和雅托姆見過面，雅托姆確認說他收到我的訊息，以色列情報單位也在注意潛在的核子攻擊危機。

我最後一次傳眞給雅托姆將軍是在九月十六日。

一九一四年六月二十八日奧地利費迪南大公遇刺，是第一次世界大戰爆發的直接原因，這是所有歷史學家都接受的事情。一九九六年公共電視網的一支紀錄片《偉大的戰爭》，再次確認這個事實。一位牛津大學歷史學家在節目中指出，這次暗殺不只引發戰爭，同時也無可避免地觸動俄羅斯革命。公共電視的記錄片問了這個問題：如果費迪南大公的馬車向右轉，而不是向左轉，如果沒有在路上碰到射殺他的塞爾維亞民族主義分子，結果會是怎麼樣？「大公的車夫轉錯一個彎，將奧地利王位繼承人帶到（塞爾維亞刺客）普林西普的面前。」

這次暗殺引發了連鎖反應。公共電視說：「一九一四年七月二十八日，奧地利對塞爾維亞宣戰。但奧地利和塞爾維亞之間的戰爭，就表示是奧地利和俄羅斯之間會有戰爭。這又代表了俄羅斯和德國之間的戰爭。這也等於是德國和法國之間的戰爭。這又是德國和英國間的戰爭。一瞬間，整個歐洲大陸都走向戰爭。」

「蝴蝶效應」是格萊克在《混亂》(*Chaos*, Penguin, 1987) 一書中提到的。他也引述了一首年代久遠的搖籃曲（第二十三頁），其中有同樣的概念：

釘子沒了，鞋子就丟了；
鞋子沒了，馬兒就丟了；
馬兒沒了，騎士就丟了；
騎士沒了，戰爭就輸了；
戰爭沒了，王國就丟了。

猶太曆法的七月九日，不只是公元前五八六年第一座神廟，以及公元七〇年第二座神廟被毀掉的日子，也是一二九〇年英格蘭驅逐猶太人的日子，也是西班牙一四九二年驅逐猶太人的日子，同時是一九四二年德列布林卡毒氣室開始運作展開大屠殺的日子。見卡普蘭所著《猶太人思想手冊》（*Handbook of Jewish Thought*, Maznaim, 1979）第二冊，第三三九頁到三四〇頁。

有些歷史學家認爲，納粹特意挑選這一天。勒凡（Nora Levin）在其《大屠殺》（*The Holocaust*, Schocken Books, 1973）書中寫道：「大量驅逐猶太人離開華沙，是從一九四二年七月二十二日開始的，那是猶太人曆法七月九日的前一天。第二天，也就是七月九日當天，德列布林卡的毒氣室開始運作。在一個猶太人的重要節日採取這些行動，絕對不是巧合。納粹研究過猶太人曆法，經常據以（在像這樣的日子）採取最具毀滅性的行動。在兩個月內，三十萬個猶太人被屠殺。」

根據猶太法典，上帝詛咒這個日子，是因爲在聖經時代的這一個日子，摩西第一批派去應許之地勘察的人帶回「不好的報告」，告訴古代以色列人說，他們無法征服應許之地。

「亞利伊勒」（Ariel）是耶路撒冷的古名。用在以賽亞書二十九章一至二節天啓默示的第一次警告中。

引自猶太法典有關自由意志與預言共存的弔詭說詞，來自 Mishnah Avot 三章十五節，據說是阿基瓦拉比（Rabbi Akiva）講的話。

希伯來文裏，「雅各」這個名字的意思是「他將避免」、「他會延後」，同時也表示「他會跟隨」特定的路徑，甚至是影子，就像個偵探一樣。因此這個聖經中大家長的名字，可能表示他仍然在注視著他的子民。雅各有天晚上和一個不知名人物摔跤後（《創世記》三十二章二十五至二十九節）得到的名字「以色列」，後來成爲這個國家的名字。在希伯來文，「以色列」(Israel) 的意思是「他將對抗上帝」。聖經本身對雅各的新名字所做的解釋是：「你的名字不要再叫雅各，要叫以色列，因爲你與神與人較力，都得了勝。」（《創世記》三十二章二十九節）

一九九六年九月二十五日開始的三天戰事，全世界廣爲報導。這裏採用的是紐約時報和《耶路撒冷郵報》的報導。耶路撒冷聖殿山的古地道連接了三個宗教的聖地：哭牆，岩石院（Dome of the Rock）和多羅洛沙路（Via Dolorosa），也就是傳言中耶穌走向十字架的路。

「兼併」這個字和「以色列浩劫」一起出現過兩次。以色列當局用「兼併」這個字來形容一九六七年戰爭取得的土地中，唯一正式併入以色列的兩塊土地，也就是戈蘭高地和東耶路撒冷。戈蘭高地原屬於敍利亞，敍利亞仍主張，這是其領土，最近還調動精銳部隊包圍高地四周。東耶路撒冷原屬約旦，目前巴勒斯坦人主張這是他們未來建國之後的首都。

「阿拉法特」的名字在聖經原文中連續出現過兩次。一次出現在聖經經文同時出現兩個「末後之日」的地方。事實上，「阿拉法特」出現在那段話的正下方，這種機率是非常低的。況且，暗文中接著他的名字的那段話是，「記住！不要忘記末日之時（End Time）的堅信禮。」

「以實瑪利的放逐」在古代猶太秘教經典《左哈爾》（*Zohar*）已經有所預言。左哈爾是所謂密德拉許的一部分，密德拉許揭示一些摩西五書沒有明白說出的秘密。左哈爾中幾次提到未來在彌賽亞來臨之前，以色列在「末後之日」的戰事。《左哈爾》創世記一章十九節A說到：「以實瑪利的子孫準備挑起世界上所有國家來反對耶路撒冷。」不過，《左哈爾》也說到，以色列可能從這次攻擊中得救。

一九九七年一月十五日納坦雅胡和阿拉法特握手的事，《紐約時報》在同一天有報導。兩天之前，有關這次見面的消息開始出現的時候，《紐約時報》報導說，「對於希布倫市協議是不是會排除進一步的危機和衝突，美國官員並不是太樂觀，因爲在保守派以色列政府和阿拉法特之間仍存有根本的互不信任。進一步撤軍的範圍，以及耶路撒冷、邊界、猶太屯墾區等談判的議題，預料均將引起至少像希布倫市問題一樣的激情和危機。強硬派的屯墾區猶太人，必然將希布倫市撤軍視爲一種背叛。巴勒斯坦拒絕和談的回教團體，也可能運用恐怖活動來破壞協議。」

一九九七年三月的連串事件在《紐約時報》和《耶路撒冷郵報》中也都有報導。胡笙國王信函的內容係引自《紐約時報》一九九七年三月十二日的報導。三月二十一日的自殺炸彈案則在次日的《紐約時報》中有報導。

費曼的話係引自他的書《六篇淺論》(*Six Easy Pieces*, Helix, 1995) 第一三五頁。費曼也指出，他相信測不準原理跟所有的事物都有關係，因此「目前我們必須將範圍限制在計算或然率上」。

費曼進一步指出，他相信我們將永遠不會「解開謎團」：「沒有人曾經發現（甚至只是想到）有哪個方法不動用到測不準原理。所以我們必須假定，測不準原理描述了大自然的基本特質。」

我是在飛往以色列途中碰巧讀到費曼的書，同時得知納坦雅胡預定按照聖經密碼預言的那一天去約旦。那次行程突然耽擱的時候，我了解到，這位偉大的物理學家一定是對的，我們無法確定會發生什麼事情，只能提出發生的或然率。

科學作家費里斯在《紐約客》雜誌一九九六年九月二十九日那一期撰稿指出，量子物理「仍然是一支高度成功的科學」。他的文章標題爲〈奇怪有理〉（第一四三頁）。

諾貝爾文學獎得主馬奎斯（Gabriel Garcia Marquez）在他的小說《百年孤寂》中，提到有人發現一份手稿，內容是提早一百年說出一個家族的歷史。照馬奎斯的描述看起來，他似乎是想像到聖經及其密碼的本質，只是規模小了一點。作者「並不依照人類慣常的時間順序安排事件，而是將一個世紀中發生的事件集中在一起，讓這些事件存在於同一個時間點。」（Harper, 1991）第四二一頁。芮普斯告訴我，整部聖經密碼一定是在同一瞬間一次寫成的時候，我想到的就是這個。

我第一次和史坦夏爾茲拉比見面，是一九九二年六月三十日，在他耶路撒冷的辦公室。這是在我第一次見到芮普斯的兩天之後。後來我再到以色列訪問，曾和他再見了幾次面。第一次見面及後來幾次會面，我們討論了時間的本質，以及摩西五書用逆反時序展現時間的可能性。史坦沙茲告訴，雖然用過去式描述未來和用未來式描述過去的做法，乃聖經獨有，但聖經學者對於這種時態逆反的做法卻沒有多少評論。

史坦夏爾茲告訴過我，《以賽亞書》四十一章二十三節，是和看到未來，以及「倒著說事情」有關的。多年之後，我自己才發現，倒著讀經文，可以看出有可能發生浩劫危機的年份「五七五六」。

芮普斯計算出《啓示錄》當中所有危機都出現在二〇〇六年，也就是「在五七六六年」的機率，大約是千分之一。在一百二十年當中，只有這一年所有的危機同時出現，他認爲這是「非常特別的」。所有的危機是「末後之日」、「世界大戰」、「核子浩劫」、「以色列浩劫」和「大地震」。芮普斯也認爲，二〇〇〇年和二〇〇六年和同樣這些危機同時出現，也是「很値得注意」，不過他說，數學上沒有好的方法來測量這種機率。

「我們可以確定的是，這不是隨機出現的，而是有意密寫上去的，」芮普斯說，「我們無法確定的是，這是不是意味著危機是確實存在的。」

飛毛腿飛彈第一次攻擊的時間是一九九一年一月十六日，《紐約時報》上有報導，《一九九一年大事年鑑》(*Facts on File Yearbook 1991*) 第二十八頁再加以確認。一月十八日凌晨兩點鐘（以色列時間）有八枚飛毛腿飛彈攻擊以色列。其中兩枚擊中特拉維夫，三枚落在海法附近，另外三枚落在野外。耶路撒冷沒有被擊中。美國已在前一天，也就是一九九一年一月十七日發動沙漠風暴行動，正式開啓波斯灣戰爭。

出現在「核子浩劫」上方、「末後之日」下方的「密碼將會解救」字樣，在希伯來文也可以釋譯爲「摩西的密碼」。

《出埃及記》二章十節描寫摩西如何取得他的名字。根據聖經記載，他出生在埃及時，法老王下令所有的希伯來男嬰都要處死。他的母親爲了解救他，建造了一個小的方舟，讓方舟順著尼羅河而下。法老王的女兒到尼羅河邊洗澡時發現了這個小孩，把他當做自己的兒子來扶養：

「她給孩子起名叫摩西，她說，因我把他從水裏拉出來。」

在希伯來文中，這是個文字遊戲。根據權威的阿克萊（Alcalay）字典（Massada, 1990）第一五一七頁，「摩西」的意思實際上是「拉出，救出，解救」等意思。

尾聲

薛爾說的，「這一次我們被迫做未來的歷史學家」出現在《地球的命運》第二十一頁。

密碼表列的註解

聖經密碼中的人名、事件所使用的希伯來文，與聖經明文和今天以色列人所使用的希伯來文相同。

密碼中所使用的年代係古猶太曆，從聖經時代開始，比現代曆法早了三七六〇年。聖經密碼列印表中，同時也列出相當於現代曆法的年代。

人名和地名取自標準的參考資料，如《希伯來大百科》，較近期的事件則採以色列報紙所使用的希伯來文拼法。

密碼翻譯皆與權威的《阿卡雷希英字典》和《伊文-舒斯罕》未刪節版標準字典查對。書中所引述的聖經密碼資料，均經與筆者五年調查報導期間共事的以色列譯者多人查對。

書中許多極重要的聖經密碼表列，均經芮普斯博士過目與核對。有關拉賓遇刺的資料，亦經頂尖古希伯來文翻譯家史坦薩爾茲核對。

書中所有列表均經統計學者確認為非偶然，所組合的字詞亦經數學機率證明確非隨機。統計則依芮普斯和魏茨滕所設計且經同儕審查的數學運算模式，由電腦自動運算。

電腦組字依下列兩種測試法：同時出現的距離如何，跳躍碼拼出的搜尋字是否為最短。

希伯來文的讀法雖是由右至左，但密碼中的字則是左右兩方皆可，而且可視同字謎般上下讀。

有時聖經原文在字母上稍作不同的組合，便能透露有關現代世界大事的正確情報，這在本書中就稱爲暗文。我們不妨以跟「水門」密載在一起的暗文爲例說明。

聖經第四書《民數記》三：二十四明文提到以色列十二族中的一支：「革順的父親的家族之長」，希伯來文原文可以複製如下圖一。

不過，在聖經希伯來文裏表示「族長」或「統治者」的字眼，在現代希伯來文裏則代表「總統」，今天的以色列人用來稱呼「柯林頓總統」，或他們自己的「魏茲曼總統」就是這個字。

若將字母稍做不同的組合，同樣《民數記》三：二十四這段經文便可拼出全然不同的句子：「總統，但被掃地出門」。以原文複製如下圖二。

因此，不管「水門」一詞密寫在聖經什麼地方，

(圖一) נ ש י א | ב י ת | א ב | ל ג ר ש נ י

革順的父親的家族之長

(圖二) נ ש י א | ב י ת | א ב ל | ג ר ש

總統，但被掃地出門

在同一地方的暗文必是形容尼克森被迫辭職的字眼。聖經裏所使用的字眼十分正確，當年以色列報紙就是以「水門」、「總統」、「掃地出門」這些字眼報導尼克森垮台。

有時候，聖經密碼使用縮寫式的希伯來文，這是密碼常見的呈現方式。另外，聖經密碼也跟聖經本身一樣，有時會去掉現代希伯來文常用的字母，如vuv和yud。

本書所披露的聖經密碼表列，皆連同聖經章節詳列於後，用以顯示密碼的出處，若是與通用希伯來文稍有不同，或必須爲不通希伯來文的讀者進一步解釋的密碼表，均有詳解。

第一章

● 「伊茲哈克・拉賓」出現於《申命記》二：三十三到《申命記》二十四：十六這段經文。這是聖經中唯一一次出現他全名的地方。「刺客將行刺」出現在《申命記》四：四十二。而「行刺」與拉賓的名字相交。這是這些字同時出現僅有的一次。(12頁)

● 「伊茲哈克・拉賓」如前述，是出現在《申命記》二：三十三至二十四：十六。「將行刺的刺客的名字」則出現於《申命記》四：四十二。刺客的名字「艾米爾」出現在《民數記》三十五：十一，此段經文明文部分亦再次包括「刺客的名字」在內。(13頁)

● 「拉賓遇刺」出於《出埃及記》三十六：三十七至《利未記》二十二：五。他遇刺之年出現於《出埃及記》三十九：三至四，同時和「拉賓遇刺」及他遇害地點「特拉維夫」相交。特拉維夫這地名密寫於《出埃及記》三十三：五至《利未記》四：九。(14頁)

● 「第三舍巴特月發射」，這猶太曆日期相當於一九九一年一月十八日，這一天，波斯灣戰爭中的第一枚飛毛腿飛彈發射，此事密載於《創世記》十四：二至十二。伊拉克領袖的名字「海珊」則載於《創世記》十四：九至十四。這張表裏「戰爭」和「飛彈」各出現兩次，第二次時「飛彈」與「敵人」相交。(17頁)

在這張密碼表列裏指出「海珊擇一日」，是出於《創世記》十四：六至十七，而在聖經的同一章裏也密載著「第三舍巴特月發射」，但這兩則片語都太長，無法在同一張列印表出現。密碼字就字面解釋應可作「海珊圈選一日」，好像他當眞在日曆上劃圈做記號似的。

海珊（Hussein）的現代希伯來文拼法，通常會多一個字母 vuv，但密碼中的拼法也是另一種廣爲人接受且與聖經希伯來文一致的拼法。他的名字和日期密寫在一起，顯然是別具深意；他確如預言般在「第三舍巴特月」發動攻擊。

● 「伊茲哈克・拉賓」如前述，出現在《申命記》二：三十三至《申命記》二十四：十六。(26頁)

● 「刺客將行刺」如前述，出現在《申命記》四：四十二。(27頁上)

● 「艾米爾」出現在《民數記》三三：十四至十五，這也是第三種刺客的名字和凶手密載在一起的方式。(27頁下)

● 「柯林頓」出現於《創世記》二十四：八至《民數記》二十六：二十四，他名字的拼法跟以色列報紙完全相同。「總統」跟「柯林頓」相連則出現在《民數記》七：二，同樣的，「總

統」一詞與現代以色列使用的拼法相同。(32頁上)

●「水門」出自《創世記》二十八：二十一至《民數記》十九：十八。「他是何人？總統，但被掃地出門。」如上述解說，出現在《民數記》三：二十三至二十四。(32頁下)

●「經濟崩潰」出現於《出埃及記》二十：九至《申命記》十一：六。此一字詞在全本聖經裏只出現一次，開始之年一九二九也在同一處。《民數記》十：八密載著相當於猶太曆的「五六九〇」。(34頁)

●「人上月球」出現於《民數記》十九：二十至二十七：一。「太空船」跟它相交則出現於《民數記》二十二：二十五。(35頁)

●「舒梅克-李維」再次密載於《以賽亞書》二十五：十一至二十七：四。「木星」則在《以賽亞書》二十六：十六，彗星撞木星的日期「第八阿伏月」則出現在《以賽亞書》二十六：二十。(36頁)

●跟木星相撞的彗星名字「舒梅克-李維」，始於《創世記》十九：三十八，終於《創世記》三十八：十九，「木星」則密載於《創世記》三十：四十一至三十一：一。(37頁)

「木星」在希伯來文裏有兩種拼法，兩種都跟撞擊它的彗星名字一起密載。第一種拼法的「木星」譯文密載於《創世記》，由於列表太寬無法完全在此呈現，是以書中只列出一部分。第二種拼法是希伯來文「日德克」(Zedek)，跟彗星撞木星的日期一起密載於《以賽亞書》中。

●「希特勒」載於《創世記》八：十九至二十一。《創世記》八：十七至十八則指明他是「納

粹和敵人」。《創世記》八：二十一稱他爲「惡人」。「屠殺」密載於《創世記》八：二十。（41頁）

● 「莎士比亞」出現於《利未記》二十三：二十四至《民數記》一：三十四。《哈姆雷特》在《利未記》三：十三至十四：二十七。《馬克白》出現於《利未記》三：十三至《利未記》七：二十九。（49頁）

● 「萊特兄弟」出現於《創世記》三十：三十至《創世記》四十三：十四。「飛機」則出現在《創世記》三十三：七至八。（50頁上）

● 「愛迪生」見於《民數記》十四：十九至十七：十九。「燈泡」在《民數記》十一：二十六至二十七，「電」則出現於《民數記》十三：一至二。（50頁下）

● 「牛頓」出現於《民數記》十八：三十到《民數記》二十一：五。「引力」跟他的名字相交，密載於《民數記》十九：二十。在希伯來文裏，表「引力」的字通常會有「力」字前導，若無，則有「引」或「拉」的意思，但由於是跟發現「引力」的科學家「牛頓」的名字密寫在一起，其意義應是極爲明顯，而且別具深意。（51頁上）

● 「愛因斯坦」出現一次，從《出埃及記》二十一：二十九到《民數記》三十一：三十九。「科學」一詞，以及重疊的「嶄新而卓絕的知解」都出現在《民數記》三：三十四，而且跟「愛因斯坦」的名字相交。「預告一位聰明絕頂的人」出現在《民數記》十一：二十六。（51頁下）

第二章

●「全民戰爭」出現在《申命記》二：三十二，就在跟「伊茲哈克．拉賓」相交的「刺客將行刺」上方。(57頁上)

●「以色列浩劫」出現一次，始於《創世記》四十九：十七，終於《申命記》二十八：六十四。「五七五六」則在《出埃及記》十七：二，這也是不用跳躍序而在聖經明文中出現年份僅有的一次。(57頁下)

●「核武浩劫」始於《民數記》二十九：九，終於《申命記》八：十九，聖經中只出現一次，機率爲百分之一。「在五七五六」則密載於《申命記》十二：十五。(59頁)

●「下次大戰」始於《創世記》三十六：十五，終於《民數記》十二：八。「將在總理死後」出現於《創世記》二十五：十一右上方的經文中。(62頁上)

在密載「下次大戰」的同一張圖表中，出現「在總理死後」的同段經文裏，也密載著他的姓名「伊茲哈克」和「拉賓」，但由於全張列印表太大的緣故，因此讀者只看到總理名字。

●「利比亞大砲」出於《創世記》二十一：二十二至《民數記》一：三十八。《出埃及記》十七：二則是「五七五六」和「以色列浩劫」一起出現，極爲特殊。(66頁)

●「利比亞」之名跟「核武浩劫」一起出現三次，一次是相交，兩次是平行，均見於《出埃及記》三十四：六至七。在希伯來文裏表示「全滅」的字眼，在同一段經文出現兩次。在第

一次出現「利比亞」時，前面是「被炸」，第三次出現「利比亞」時，後面是「揭露」。(69頁上)

●「核武砲手」始於《申命記》四：四十，終於《申命記》六：二十四。《申命記》四：四十開宗明義說「可以在你們…」，在希伯來文裏，同樣這些字母可以拼作「地點、日期」。而在《申命記》四：四十九裏，明確的地點「毘斯迦」則跟「核武砲手」的第二個字母相交。(69頁下)

第三章

●「汽車」始於《民數記》九：二，終於《民數記》十四：三十五。「轟炸」或「爆炸」則在《民數記》十：二十三至二十四同一處出現。在《民數記》十一：一至四，「耶路撒冷」跟「汽車」相交，聖經密碼裏是出現耶城全稱，因爲列印表太寬的緣故，無法完全呈現在書中。(77頁)

●「汽車」再次出現於《創世記》三十四：七至三十五：五。「他們搭車，將有驚恐不測」出現於《創世記》三十五：五最後一段經文，跟「汽車」相交。前一則《創世記》三十四：四的經文裏則出現「火、大嘈雜」這幾個字。(78頁)

●「納坦雅胡總理」出現一次，始於《出埃及記》十九：十二，終於《申命記》四：四十七。在《民數記》七：八十三，跟他名字相交的是「當選」，同一段經文也密載著他的小名「比比」。

(81頁)

●「納坦雅胡」出現在《申命記》一：二十一暗文處，而在同一張列表中，「伊茲哈克·拉賓」、「艾米爾」、「刺客的名字」和「他的人民全在打仗」一起出現。而在「納坦雅胡」前面的暗文裏則有「大恐怖」三字。(83頁)

●「下次戰爭」出現於《創世記》三十六：十五到《民數記》十二：八這段經文。「將在總理死後」出現於《創世記》二十五：十一經文上方。跟這一段經文重疊的則是宣告「另一人會死」。(88頁)

●「納坦雅胡總理」如前述。《出埃及記》十九：二出現「他必然會遇害」與他的名字相交。在《出埃及記》三十一：十四，出現「他將魂斷命喪」這幾個字。在《民數記》三十一：十七裏，「遇害」這個字眼出現兩次。(89頁)

第四章

●「終末的日子」見《創世記》四十九：一明文，經文中說：「雅各把他的兒子都叫來，對他們說：過來我身邊，我要把你們在末後日子的遭遇告訴你們」。「在五七五六」這一年則密載於《創世記》四十八：十七至四十九：六的跳躍碼中。(93頁上)

「終末的日子」在原初的《摩西五書》出現了四次，在《耶路撒冷聖經》則作「最後的日子」和「後來的日子」，但據卡普蘭說，就字面的意思而言應作「終末的日子」(見《摩西五書今解》)。

● 「世界大戰」出現一次，由《申命記》四：二十八至十七：四。「終末的日子」則在《民數記》正上方。(93頁下)

● 「核武浩劫」如前述，但在《民數記》二十九：九至《申命記》八：十九又出現一次。在《民數記》二十四：十四出現「世界大戰」的同一段經文裏，「終末的日子」同樣是在上方。(94頁)

● 「終末的日子」密載於《申命記》四：三十四至三十二：二十八，第二種表達方式僅見於《但以理書》明文。「在五七五六」出現於《申命記》一：二十五。(96頁)

在聖經原典裏，末日之說通常是預告未來的苦難，也就是天啓默示，不過，《但以理書》最後幾個字也可視爲「彌賽亞來臨的日子」。

● 刺殺拉賓的「艾米爾」，載於「終末的日子」同一張跳躍碼系列上，出自《民數記》十六：三至二十九：八。「戰爭」出現在《申命記》四：三十四明文裏，剛好是「終末的日子」開始的地方。(99頁上)

● 「終末的日子」兩種表達方式一起出現只有一次，是在《申命記》四：三十明文的地方，而密載於《民數記》二十八：九至《申命記》十九：十。「災禍」和「拯救!」的呼籲則在《民數記》十四：三十七至三十八同時出現。(99頁下)

● 「它係由電腦所造」密寫於《出埃及記》三十二：十六至十七。明文則說：「這石板是上

帝所造，字是上帝所書，刻在石上。」（103頁）

●「聖經密碼」一詞密載於《申命記》十二：十一至十七。希伯來文所用的「聖經」一語是Tanakh，意指《舊約聖經》全部。「在上帝前封存」則出現於《申命記》十二：十二。（106頁上）

●「電腦」密載於《但以理書》十二：四至六。《但以理書》十二：四明文說：「但以理啊，你不可以洩露這些話，要把這些話封存起來，直到末後的日子。」（106頁下）

●相當於公元一九九七年的猶太曆「五七五七年」，密載於《但以理書》十：八至十一：二十二。這一年也出現在《但以理書》十二：四那段著名的話語中：「不可洩露這些話，要把這些話封存起來，直到末後的日子。」在《但以理書》十一：十三和十一：四十同一個地方，有兩種翻譯法的密碼「爲你，密載」和「爲你，隱藏祕密」，出現兩次。（113頁）

第五章

●「世界大戰」載於《申命記》四：二十八至十七：四。在《申命記》九：十九出現的「攻擊、摧毀、殲滅」，則與「世界大戰」相交。（117頁上）

「第二次」就在「世界大戰」的上方，但未包含在這張密碼表內，因爲「戰爭」一詞的詞性在希伯來文裏屬陰性，「第二次」一詞則屬陽性。不過，此種安排顯然別具深意，因爲整段暗文說「第二次和第三次」，而這則詞語又跟以一個跳躍碼出現的「世界毀滅，世界大戰」

相交。

●「羅斯福」見於聖經一次，從《創世記》四十：十一到《申命記》九：一，《民數記》二十五：十八則指明他是「總統」，且在同一段經文裏說，「他在大敗之日下令攻擊」。列印表中沒有出現「大敗之日」的最後一個字母，乃是因為字幅太寬，無法完全容納。（117頁下）

●「核武浩劫」如前述，密載於《民數記》二十九：九至《申命記》八：九。廣島轟炸之年一九四五，在猶太曆裏是「五七〇五」，見《申命記》八：十九，且與「核武浩劫」的最後一個字母相交。「日本」則密載於《民數記》二十九：九。（118頁）

●「甘迺迪總統」見於聖經一次，從《創世記》三十四：十九至五十：四，同一跳躍列中緊接著出現「將死」兩字，則密載於《創世記》二十七：四十六至三十一：五十一，從《創世記》十：七到三十九：四，則是「達拉斯」。（119頁上）

●「奧斯華」密載於《民數記》三十四：六至《申命記》七：十一。「將行刺的刺客名字」出現在《申命記》四：四十二，而這段經文也是密載拉賓遇刺和刺客名字艾米爾的地方。（119頁下）

●「魯比」和「奧斯華」見於《申命記》二：八。而「他將殺死刺客」這幾個字則是出現在《民數記》三十五：十九。（120頁）

●「R・F・甘迺迪」見於《出埃及記》二十六：二十一至二十二，同段經文的暗文裏，在跟他名字相疊的地方，「第二位治國者遇害」這幾個字出現了兩次。刺客的名字「S・瑟朗」

跟「甘迺迪」相交，載於《出埃及記》十九：十八至二十九：十三。(121頁)

●「托雷達諾」見於《創世記》三十一：三十九至《創世記》四十二：三十四。他的名字出現的一次，密碼拼出「托雷達諾遭俘」(見《創世記》二十四：六至三十：二十)。城市名「洛德」見《創世記》三十九：十四。「不要流血」這幾個出現在《創世記》三十七：二十二明文裏。「他會死」則在《創世記》三十：二十暗文裏出現。(123頁)

●「戈爾斯坦」見於《創世記》三十一：十至《利未記》二十五：十六。「殺人者來自以色列家庭」則在《利未記》十七：三和他的名字相交。至於犯下屠殺罪行的城市名稱「希伯倫」則在《民數記》三：十九。(125頁)

「戈爾斯坦」通常的拼法會多個 vuv 的字母，但書中的拼法也可通用，且與聖經希伯來文相符。

●「奧克拉荷馬」見於《創世記》二十九：二十五至《創世記》三十五：五。「慘死」跟遇炸的城市名稱相交，見《創世記》三十：二十。「將有恐怖事件」出現在《創世記》三十五：五明文裏，同表最後一段經文則密載著「奧克拉荷馬」。(128頁)

●「莫拉大廈」見《創世記》三十五：三至《創世記》四十六：六。「荒廢、屠殺」在《創世記》三五：三與「M」相交。「殺害、屍骨不全」則在《創世記》三十七：三十三再次與大廈名稱相交。(129頁)

●「他名叫提摩太」密載於《創世記》三十七：十二至十九。而「麥克維」則見《創世記》

三十七：八至九。（130頁）

他的名字和在奧克拉荷馬市爆毀聯邦辦公大樓，造成一百六十八人死亡的日期和時間密寫在一起，時間正是距瘋狂教派領袖「柯瑞許之死兩年」，這幾字與「麥克維」密載於一處，只因本書複製的列表篇幅太小，故未能刊出。

第六章

● 「在五七六〇」和「在五七六六」，也就是現代曆法的二〇〇〇和二〇〇六年，都跟「世界大戰」一起密載於《申命記》十一：十四至十五。這兩個年份出現在聖經同一段經文而彼此重疊。「在五七六六」只比「在五七五〇」多一個字母。至於這一年或兩年是否另有深意，雖不得而知，但兩者跟「世界大戰」相符，而且機率極高。在聖經密碼中，沒有別的年份跟「世界大戰」相符；就數學機率而言，「在五七六六」的機率較高，但「五七六〇」卻在《民數記》二十八：五至六中出現了兩次。（137頁上、下）

● 「核武浩劫」和「世界大戰」，兩者都跟二〇〇〇和二〇〇六同時出現在《申命記》十一：十四至十五。同樣的，意指那一年不得而知。這兩年的機率都很高。雖然「五七六六」符合度略高，其實這兩年都是往後一百二十年間唯一能同時符合「核武浩劫」和「世界大戰」的兩年。（138頁）

● 「恐怖主義」和「世界大戰」一起，密載於《申命記》三：十三。而「兵戎相見」則出現

於《申命記》一：四十四。（141頁）

●「共產主義」在《創世記》四十一：三十四到《民數記》二十六：十二出現一次。關連字「沒落」則見於《民數記》二十二：二十七至二十八。「俄羅斯」也在同一處，介於《民數記》二十六：十二和三十四：二之間。「在中國」三字就在《民數記》二十二：二十一的下方，而「下一個」也在同段經文中出現。（143頁）

●「核武」在《以賽亞書》中出現一次，從三十二：一到六十五：十八。「耶路撒冷」、「書卷」和「他打開書卷」，皆見於最後一段經文，亦即《以賽亞書》六十五：十八。其實，兩者是重疊在一起。如核武的m、耶路撒冷的m和梅基鐸的m，是同一個字母，而希伯來文的「書卷」和重疊的「書卷」形成「他打開書卷」這句話的頭一個字母m，又是同一個字。由於《以賽亞書》明文中說「封印之書」將打開，揭露天啓末日描述核彈攻擊耶路撒冷的詳情，因此，密碼中的「核武」顯然是別有深意。不過，在現代希伯文的拼法通常是要多一個字母。（146頁）

●耶路撒冷的古稱「亞利伊勒」出現在《申命記》四：二十八的地方，也是「世界大戰」密語的開頭。（147頁）

●「阿馬吉多頓」見於《創世記》四十四：四至《出埃及記》十：十六。而從《創世記》三十：六到四十一：五十七的跳躍碼中，則有「阿塞德浩劫」隨後出現。密碼表中的「阿馬吉多頓」，所用的是希伯來文「哈米吉多頓」，意即「梅基鐸山」。聖經學者一致認爲，這個地名就是「阿馬吉多頓」一詞的由來，在希臘譯文所指的地方其實就在以色列北方。「阿馬吉多頓」

一詞僅見於《新約》，《舊約》明文裏不曾出現。（149頁上）

● 「敍利亞」見於《以西結書》三十八：十至十五，經文開宗明義說道：「你召集諸國的聯軍，組成龐大的軍隊，從極北之地南下」。「歌革，瑪各之地」則見於《以西結書》三十八：二明文。（149頁下）

第七章

● 二一一三年密寫在《申命記》二十九：二十四到《申命記》三十三：十四之間。「空乏，無人煙，荒涼」出現在《申命記》三十三：十四。「對衆人行大而可畏的事：火災、地震」出現在原始聖經的最後一句經文，《申命記》三十四：十二的暗文中。（154頁）

● 「大地震」密寫在《出埃及記》三十九：二十一至《申命記》十八：十七之間，也在二〇〇〇年及二〇〇六年兩個年份附近。另外，也密寫在《利未記》二十七：二十三，而且互相重疊。「在五七六〇年」，這在希伯來曆法是今曆的二〇〇〇年，出現過兩次，密寫在《出埃及記》三十九：二十一。（155頁和157頁上）

● 「洛杉磯」本身並未密寫在聖經之中，但其縮寫「L.A. Calif.」則在密碼中出現了兩次，一次在《利未記》二十三：十至十二，另一次在《創世記》二十七：九至三十。「L.A. Calif.」和「大地震」一起出現（《出埃及記》九：二十四至《民數記》二十三：十一），又和「火災，地震」一起出現（《創世記》二十七：十七），這種或然率是微乎其微的。兩次密碼都和二〇一〇年一起出現。二〇一〇年，也就是希伯來曆法的「五七七〇年」和「大地震」一起密寫在《民數記》四：二十三。而「五七七〇」事實上還與《創世記》二十七：十七中的「火災，地震」有所重疊。（157頁下和158頁上）

● 「中國」出現在《民數記》三十三：十二，在「大地震」和「在五七六〇年」附近（如上所述）。上一次中國「大地震」發生的年份一九七六年，則密寫在《利未記》二十七：二十四。（158頁下）

● 「日本，神戶」密寫在《民數記》五：十四到《申命記》一：七之間。「火災，地震」及「很大一個」都出現在《申命記》十：二十一的暗文裡。（162頁上）

● 「災禍」在聖經密碼中出現過一次，密寫在《出埃及記》十六：十至《申命記》二：三十四之間。「以色列和日本」出現在《出埃及記》十六：十的暗文中，和「災禍」交叉。（162頁下）

● 「日本」出現在《利未記》十四：十八，在「大地震」附近。二〇〇〇年和二〇〇六年的位置就在其下方，在《利未記》二十七：二十三。（163頁）

● 「經濟崩潰」在聖經密碼中出現一次，在《出埃及記》二十：九到《申命記》十一：六之間。「地震襲擊日本」就出現在稍微下面一點的地方，在《申命記》三十一：十八。（163頁）

● 「恐龍」在聖經密碼中出現一次，在《創世記》三十六：十四至《申命記》三十：十四之間。「龍」和「恐龍」交叉，出現在《申命記》四：二十五。聖經中提到與上帝打仗的恐龍的名字，出現在《申命記》十：十的暗文中：「它將擊打拉哈伯」。「小行星」和「恐龍」交叉，密寫在《申命記》二十四：十九至二十一，在這裡印出來的聖經密碼，有個字母並不吻合。（165頁）

●「史威夫特」密寫在《利未記》十五：十九到《利未記》二十三：二十九。預測這枚彗星會回來的時間是二一二六年，這個年份密寫在《利未記》二十四：五。「在第七個月，它來了」出現在《利未記》二十三：三十九。「第七個月」通常指的是希伯來曆法上的七月，不過在這個地方指的似乎是彗星會在今曆的七月前到來，因此會安全通過地球附近。（169頁）

●「彗星」密寫在《利未記》十八：二十到《申命記》二十七：一之間。二〇〇六年則密寫在《利未記》二十七：二十三。「為世界預測的年份」出現在二〇〇六的正上方，在《利未記》二十五：五十六。（172頁）

●在《申命記》一：四，二〇一二年和「彗星」一起出現。「地球毀滅」就出現在上方，在《出埃及記》三十四：十。不過，和二〇一二年一起出現在《申命記》一：四暗文裡的還有「它會被擊碎，我會把它撕成碎片」。（173頁）

第八章

●「納坦雅胡總理」在密碼中出現一次，從《出埃及記》十九：十二到《申命記》四：四十七。「七月去安曼」出現在《利未記》二十六：十二至十三的暗文中。在聖經中也只有出現一

次。(176頁)

●「延後」出現在《利未記》十四：三十九，就在「七月去安曼」的上方。(178頁)

●「延後」在「納坦雅胡總理」出現的地方附近出現三次，就在「七月去安曼」的上方，和「他將魂斷命喪」重疊，出現在《出埃及記》三十一：十四，並且和從《民數記》十九：十到《申命記》十七：十一中密寫的「遇害」交叉。(180頁)

●「下次戰爭」在聖經中密寫一次，從《創世記》三十六：十五到《民數記》十二：八。「另一個會死，阿伏月，總理」出現在《創世記》二十五：十一的暗文中。(181頁上)

●「阿伏月第九日是第三個的日子」出現在《民數記》十九：十二的暗文中，和「世界大戰」及耶路撒冷的古名「亞利伊勒」一起出現。「第三」和「戰爭」在希伯來文中的性別上並不一致，戰爭在希伯來文是陰性。不過，「七月九日」是耶路撒冷第一次毀滅和第二次毀滅的日子，因爲聖經密碼警告說，第三次世界大戰可能隨著耶路撒冷在同一個日子第三次毀滅而展開，此一密碼之編寫顯然是有意的。如果希伯來文描寫的是耶路撒冷的「第三次」毀滅，那麼在文法的性別上就很沒有問題了。(181頁下)

●「五七五六年阿伏月九日」在希伯來曆法相當於一九九六年七月二十五日，密寫在《創世記》四十五：二十七到《利未記》十三：五十五之間。「比比」、「延後」和《民數記》七：三十五的暗文中的「五種未來，五條道路」重疊在一起。(185頁)

●「以色列浩劫」在《創世記》四十九：十七到《申命記》二十八：六十四之間出現過一次。

二〇〇〇年，也就是古曆法「五七六〇年」，密寫在《出埃及記》十二：四。「你延後」與《出埃及記》十二：四至五暗文中出現年份的地方重疊。（187頁上）

●「他們延後了災禍」密寫在《創世記》一：三到《申命記》二：三十四之間。「以色列和日本」和「他們延後災禍」相交。（187頁下）

●「朋友延後」出現在《民數記》十四：十四的暗文中。該處聖經明文預告「末後之日」。兩者均出現在「世界大戰」的上方。（188頁）

●「隧道」與「以色列浩劫」以相同的字母間隔互相平行密寫在一起，位置是從《出埃及記》十七：二到《民數記》十四：三十六。（191頁上）

●「拉瑪拉」出現在《民數記》三十二：二十五，和「核子浩劫」（《民數記》二十九：九到《申命記》八：十九）相交。完整的暗文指出，「拉瑪拉實現了一則預言」。（191頁下）

●「兼併」出現兩次在「以色列浩劫」附近，位置在《利未記》十三：二及《利未記》二十七：十五。（192頁上）

●「阿拉法特」出現在《申命記》九：六，就在「末後之日」（《申命記》四：三十）的正下方。這是這些字唯一一次出現在聖經的明文中，和聖經經文的「末後之日」在一起，密寫在《民數記》二十八：九到《申命記》十九：十之間。（192頁）

●「他們用逆反的順序說出未來」出現在《以賽亞書》四十一：十三，也可以譯爲「他們說明後來的事情」，或是「他們倒著看字母」。「五七五五六年」在現代曆法是一九九六年，以逆反字序出現在《以賽亞書》同一段經文中。「他們改變了時間」和這個年份重疊，也是在《以賽亞書》四十一：二十三中以逆反字序拼出。（198頁和199頁）

● 「密碼將會解救」出現在《民數記》二十六：六十四，就在「核子浩劫」正上方和「末後之日」（《民數記》二十四：十四）的正下方。希伯來文和「密碼將會解救」同樣的字母，也可以拼出「摩西的密碼」。（203頁）

註解

● 「聖經密碼」密寫在《創世記》四十一：四十六到《民數記》七：三十八。這裡希伯來文的「聖經」是用摩西五書表示，也就是舊約的前五書，聖經上說，這些是上帝向摩西口述的。「密碼」這個字在希伯來文也可以是動詞，因此整個句子可以理解爲「他密寫了摩西五書等」。多出來的「等」字出現在《民數記》二十：二十到《申命記》二十八：八之間。（208頁上）

● 「聖經密碼」再一次密寫在《申命記》十二：十一到《申命記》十二：十七之間。這裡希伯來文的「聖經」用 Tanakh 表示，意思是整部的舊約。「在上帝前封存」則出現在《申命記》十二：十二。（208頁下）

國家圖書館出版品預行編目資料

聖經密碼 / 卓思寧 (Michael Drosnin) 著；杜默譯. -- 初版. -- 臺北市：大塊文化，1997 [民 86]
面；　公分. -- (Mark系列；03)
The Bible Code
ISBN 957-8468-23-7 (平裝)

1. 先知書 - 評論

241.4　　　　　86009604

105 台北市南京東路四段25號11樓

廣　告　回　信
台灣北區郵政管理局登記證
北台字第10227號

大塊文化出版股份有限公司　收

地址：＿＿＿市／縣＿＿＿鄉／鎮／市／區＿＿＿＿路／街＿＿＿段＿＿＿巷

＿＿＿弄＿＿＿號＿＿＿樓

姓名：

請沿虛線撕下後對折裝訂寄回，謝謝！

大塊 LOCUS 文化

編號：MA003　　書名：聖經密碼

大塊 LOCUS 文化

讀者回函卡

謝謝您購買這本書，爲了加強對您的服務，請您詳細塡寫本卡各欄，寄回大塊出版 (免附回郵) 即可不定期收到本公司最新的出版資訊，並享受我們提供的各種優待。

姓名：______________________ **身分證字號**：______________________

住址：____

聯絡電話：(O)______________________ (H)______________________

出生日期：________年______月______日

學歷：1.□高中及高中以下 2.□專科與大學 3.□研究所以上

職業：1.□學生 2.□資訊業 3.□工 4.□商 5.□服務業 6.□軍警公教 7.□自由業及專業 8.□其他________

從何處得知本書：1.□逛書店 2.□報紙廣告 3.□雜誌廣告 4.□新聞報導 5.□親友介紹 6.□公車廣告 7.□廣播節目8.□書訊 9.□廣告信函 10.□其他____________

您購買過我們那些系列的書：

1.□Touch系列 2.□Mark系列 3.□Smile系列 4.□catch系列

閱讀嗜好：

1.□財經 2.□企管 3.□心理 4.□勵志 5.□社會人文 6.□自然科學 7.□傳記 8.□音樂藝術 9.□文學 10.□保健 11.□漫畫 12.□其他_____

對我們的建議：____

____

____

LOCUS

LOCUS

LOCUS

LOCUS